신 심 명
강 · 설

옮긴이 원순 스님

해인사 백련암에서 성철 스님을 은사로 모시고 출가. 해인사·송광사·봉
암사 등 제방 선원에서 정진. 『선요』『한글원각경』『몽산법어』『육조단경』
등 다수의 불서를 펴냈으며 난해한 원효 스님의 『대승기신론 소·별기』를
『큰 믿음을 일으키는 글』로 풀이하는 등 경전과 어록을 알기 쉽게 우리말로
옮긴 공로로 2003년도 행원문화상 역경부문 수상. 1996년부터 송광사 인월
암에서 안거 중. 현재 조계종 기본선원에서 어록을 강의하는 교선사教禪師이
며 조계종 교재편찬위원을 역임하였다.

신심명 강설

초판 발행 | 2019년 8월 15일
펴낸이 | 열린마음
옮긴이 | 원순
편집 | 유진영
디자인 | 안현

펴낸곳 | 도서출판 법공양
등록 | 1999년 2월 2일·제1-a2441
주소 | 110-170 서울시 종로구 삼봉로 81 두산위브 836호
전화 | 02-734-9428 팩스 | 02-6008-7024

부처님의 가르침을 올바르게_도서출판 법공양

信心銘

신 심 명
강 · 설

삼조승찬 지음   원순 역해강설

도서
출판 법공양

부처님 삶 깨닫는 건 어렵지 않아

'부처님 삶을 깨닫는 것은 어렵지 않다'는 것으로 중생들을 독려하며 시작하는 『신심명信心銘』은 중국 선종의 3조인 승찬(?∼606) 스님께서 남겨 놓은 저술입니다.

문둥병에 걸려 죽을 고생을 하고 있었던 승찬 스님은 어느 날 달마 스님의 제자인 2조 혜가 스님을 찾아가 다짜고짜 물었습니다.

"스님, 저는 죄가 많아 문둥병을 앓고 있는데, 저의 죄를 참회시켜 주시옵소서."

"그대의 죄를 가져오너라. 내가 참회시켜 주리라."

"스님, 죄를 아무리 찾아도 찾을 수가 없습니다."

"그렇다면 죄는 모두 참회되었다. 이제부터 그대는 불보佛寶 법보法寶 승보僧寶에 의지하여 살도록 하라."

"지금 스님을 뵙고 승보는 알겠습니다. 그런데 불보와 법보는 무엇을 말합니까?"

"자신의 마음을 깨닫는 것이 불보요, 그 마음에서 나오는 법이 법보이다. 그러므로 불보와 법보는 다른 것이 아니요, 이 가르침대로 살아가는 승보 또한 그러하다."

"저는 오늘에야 비로소 죄의 성품이 마음 안이나 바깥, 중간 그 어디에도 있지 않다는 것을 깨달았습니다. 또한 불보와 법보도 참마음의 근본에서 다르지 않다는 것을 알았습니다."

그러자 혜가 스님은 그를 기특하게 여겨 바로 머리를 깎아 주며 말씀하셨습니다.

"그대는 나의 보배로다. 보배 구슬 '찬璨'이란 글자를 줄 터이니 그대의 법명을 승찬僧璨이라 하라."

그 뒤로 승찬 스님은 차츰 병이 나아져 2년 동안 혜가 스님을 시봉하였습니다. 스님은 병의 후유증으로 머리카락이 하나도 나지 않아 대머리가 된 머리 피부가 빨갛기에, '붉은 대머리 승찬[赤頭璨]'이라는 별명도 가졌습니다. 스님께서는 뒷날 평생을 숨어 살다가 중국 선종의 4조가 되는 도신 스님을 만나 법을 전하면서도 "나에게

서 법을 받았다고 절대로 말하지 말라"라고 당부하셨다고 합니다.

신심명은 한문 넉 자로 이루어진 146구절 584자의 간단한 글입니다. 그러나 팔만사천법문의 심오한 도리와 천칠백 공안의 상식적인 틀을 깨는 격외도리가 이 짧은 시문에 모두 담겨 있어 예로부터 높이 평가받아 왔습니다. 이 글은 처음부터 끝까지 논리가 정연하면서도 부처님의 마음자리를 드러내는 온갖 이치를 다 갖추고 있기에 '문자로서는 최고의 문자'라고 학자들이 격찬할 뿐만 아니라, 이런 글은 두 번 다시 이 세상에 나타나지 않을 것이라고 평하기도 합니다.

신심명이란 제목은 '법에 대한 믿음을 마음속 깊이 새긴다'는 뜻을 지니고 있습니다. 신심명의 핵심은 헛된 모습에 집착하는 중생의 시비분별을 모두 떠나라는 것입니다. 중생은 '나'라는 헛된 모습에 집착하면서, 미워하고 사랑하거나 옳고 그름을 따지며 살아갑니다. 그런데 이것이 바로 온갖 고통을 불러오는 근본이기에 이 근본 번뇌를 끊으라는 것입니다.

2013년『신심명·증도가』를 원문만 번역 출간하면서 신심명을 36개의 게송으로 정리하였고 이를 토대로 2018년 통도사 등불지에 연재한 '신심명 강설'을 모아, 이 책을 펴내게 되었습니다.

승찬 스님께서 마지막 게송에서 '믿는 마음 그 자체가 깨달음[信心不二]'이라 말씀하셨듯이, 무릇 발심하였다면 이 신심명을 마음에 새기어 부처님 세상으로 들어갈 때까지 흔들림 없이 정진해 나가야 할 것입니다.

자기 마음 그 자체가 부처님 세상
잃을 것도 찾을 것도 없는 것인데
이 사실을 믿지 못해 의심할수록
극락정토 대도와는 멀어지는 것.

집착 버려 텅 빈 충만 행복해지니
그 자리가 꽃의 장엄 화엄의 법계
내 발 아래 시방세계 펼쳐지므로
걸림 없는 극락왕생 나의 삶이여!

2019년 2월 1일
송광사 모퉁이 산방에서
인월행자 두손 모음

차례

1부

신심명

至道無難　唯嫌揀擇
지도무난　유혐간택

但莫憎愛　洞然明白
단막증애　통연명백

毫釐有差　天地懸隔
호리유차　천지현격

欲得現前　莫存順逆
욕득현전　막존순역

違順相爭　是爲心病
위순상쟁　시위심병

不識玄旨　徒勞念靜
불식현지　도로염정

1

부처님 삶 깨닫는 건 어렵지 않아
오직 하나 간택만을 꺼릴 뿐이니
미워하고 사랑하는 마음 없으면
걸림 없이 확 트여서 명백하리라.

2

털끝만한 차이라도 있게 된다면
하늘과 땅 거리만큼 멀어지리니
이 자리서 참다운 도 얻고자 하면
좇아가고 거스르는 마음 없애라.

3

어긋나고 순종하다 서로 다툼은
중생들의 마음에서 만들어진 병
부처님의 깊은 뜻을 알지 못하고
부질없이 고요함만 찾고 있구려.

圓同太虛　無欠無餘
원동태허　무흠무여

良由取捨　所以不如
양유취사　소이불여

莫逐有緣　勿住空忍
막축유연　물주공인

一種平懷　泯然自盡
일종평회　민연자진

止動歸止　止更彌動
지동귀지　지갱미동

唯滯兩邊　寧知一種
유체양변　영지일종

4

지극한 도 오롯하여 큰 허공 같아
부족하고 넘치는 게 없는 법인데
취하거나 버리려는 마음 있기에
그로 인해 여여 하지 않게 되나니.

5

인연들이 있다 하여 좇지를 말고
'공 도리'라 집착하여 머물지 마라
한마음을 변함없이 품고 산다면
온갖 번뇌 제 스스로 없어지리라.

6

움직임을 멈추어서 그치려 하면
그 마음이 다시 더욱 요동을 치니
이런 마음 아직 한쪽 집착하는 것
어찌하여 한마음을 알 수 있을까.

一種不通　兩處失功
일종불통　양처실공

遣有沒有　從空背空
견유몰유　종공배공

多言多慮　轉不相應
다언다려　전불상응

絶言絶慮　無處不通
절언절려　무처불통

歸根得旨　隨照失宗
귀근득지　수조실종

須臾返照　勝却前空
수유반조　승각전공

7

한마음에 모든 것이 안 통한다면
이쪽저쪽 무량공덕 잃게 되는 것
'유'를 버려 버릴수록 '유'에 빠지고
'공'을 찾고 찾을수록 '공'을 등지네.

8

말이 많고 생각 많이 하면 할수록
그 공부는 시나브로 멀어지는 도
말과 생각 끊어져서 자취 없어야
도道 통하지 않는 곳이 없을 것이네.

9

근본으로 돌아가면 종지 얻지만
현상경계 따라가면 종지 잃으니
잠시라도 한 생각을 돌이킨다면
이런저런 공空보다도 뛰어나리라.

前空轉變　皆由妄見
전공전변　개유망견

不用求眞　唯須息見
불용구진　유수식견

二見不住　愼莫追尋
이견부주　신막추심

纔有是非　紛然失心
재유시비　분연실심

二由一有　一亦莫守
이유일유　일역막수

一心不生　萬法無咎
일심불생　만법무구

10

‘공 도리’라 이런저런 말들 하지만
이 모두는 망견으로 말미암은 것
참된 법을 구한다고 애쓰지 말고
오직 하나 삿된 견해 쉬어야 하네.

11

어떤 견해 집착하여 머물지 말고
삼가하고 조심하여 좇지를 마라
자칫하여 시비분별 있게 된다면
어지럽게 참마음을 잃게 되리라.

12

둘이란 건 하나로써 말미암으니
하나라는 그 조차도 집착 말아라
한 마음도 일어나지 않게 된다면
온갖 법에 아무 허물없을 것이네.

無咎無法　不生不心
무구무법　불생불심

能隨境滅　境逐能沈
능수경멸　경축능침

境由能境　能由境能
경유능경　능유경능

欲知兩段　元是一空
욕지양단　원시일공

一空同兩　齊含萬象
일공동량　제함만상

不見精麤　寧有偏黨
불견정추　영유편당

13

아무 허물없게 되니 어떤 법 없고
어떤 법도 없게 되니 마음도 없어
대상경계 사라지면 볼 주체 없고
볼 주체가 사라지면 경계도 없다.

14

대상경곈 볼 주체로 인하여 있고
볼 주체는 경계로써 주체라 하니
이쪽저쪽 양쪽 경계 알려고 하나
원래부터 이 모두는 하나의 공성空性.

15

공성이란 자리에선 똑같은 모습
거기에서 온갖 것을 다 싸안기에
곱다거나 추하다는 분별없는데
어찌하여 치우치는 마음 있을까.

大道體寬　無易無難
대도체관　무이무난

小見狐疑　轉急轉遲
소견호의　전급전지

執之失度　必入邪路
집지실도　필입사로

放之自然　體無去住
방지자연　체무거주

任性合道　逍遙絶惱
임성합도　소요절뇌

繫念乖眞　昏沈不好
계념괴진　혼침불호

16

크나큰 도 그 바탕은 넓고 관대해
쉬울 것도 힘들 것도 없는 것인데
짧은 소견 여우처럼 의심하면서
이 공부를 서둘수록 더 늦어지리.

17

집착하면 바른 법도 잃게 되어서
그 결과는 삿된 길로 들어가지만
집착 없이 자연스레 놓아둔다면
그 바탕에 오고 감이 전혀 없으리.

18

참 성품에 맡겨 도와 하나가 되면
번뇌 없어 유유자적 노닐고 사나
생각 많아 참된 도에 어긋난다면
정신세계 어두워져 좋지 않으리.

不好勞神　何用疎親
불호노신　하용소친

欲趣一乘　勿惡六塵
욕취일승　물오육진

六塵不惡　還同正覺
육진불오　환동정각

智者無爲　愚人自縛
지자무위　우인자박

法無異法　妄自愛着
법무이법　망자애착

將心用心　豈非大錯
장심용심　기비대착

19

애를 쓰는 그 마음을 좋아 않는데
가까이나 멀리하는 생각을 낼까
부처님의 마음으로 나아가려면
눈앞에 둔 육진경계 싫다 말아라.

20

눈앞에 둔 육진경계 싫어 안 하면
그 자리가 바른 깨침 정각이 되니
지혜로운 사람들은 할 일 없지만
우매한 자 스스로를 속박하누나.

21

정법에는 다른 것이 없는 것인데
허망하게 스스로가 애착을 가져
집착하는 마음으로 마음을 쓰니
어찌하여 큰 잘못이 아니겠는가.

迷生寂亂　悟無好惡
미생적난　오무호오

一切二邊　良由斟酌
일체이변　양유짐작

夢幻空華　何勞把捉
몽환공화　하로파착

得失是非　一時放却
득실시비　일시방각

眼若不睡　諸夢自除
안약불수　제몽자제

心若不異　萬法一如
심약불이　만법일여

22

어리석어 고요 산란 분별하지만
깨달으면 좋고 싫음 구별 없어라
양쪽에서 집착하는 모든 주장은
알고 보면 짐작에서 말미암은 것.

23

꿈속 세상 허깨비와 허공의 꽃들
어찌하여 애를 써서 잡으려 할까
이득 손실 따지려는 온갖 시비를
한꺼번에 마음에서 놓아버려라.

24

눈을 뜬 채 자지 않고 깨어 있으면
모든 꿈이 제 스스로 없어지듯이
쓰는 마음 그 바탕이 변치 않으면
온갖 법도 하나로서 여여 하리라.

一如體玄　兀爾忘緣
일 여 체 현　올 이 망 연

萬法齊觀　歸復自然
만 법 제 관　귀 복 자 연

泯其所以　不可方比
민 기 소 이　불 가 방 비

止動無動　動止無止
지 동 무 동　동 지 무 지

兩旣不成　一何有爾
양 기 불 성　일 하 유 이

25

하나로서 여여 하니 그윽한 바탕
의젓하게 일체 반연 모두 잊음에
온갖 법이 빠짐없이 드러남 보니
진여법계 자연스레 돌아가는 것

그리되는 이유조차 사라져 버려
어디에다 비교하여 견줄 길 없네.

26

움직임을 멈춘다면 움직임 없고
멈춘 것을 움직이면 멈춤 없기에
움직임과 멈춤이란 본래 없는 것
대체 뭣이 자기 모습 가질 수 있나.

究竟窮極　不存軌則
구경궁극　부존궤칙

契心平等　所作俱息
계심평등　소작구식

狐疑淨盡　正信調直
호의정진　정신조직

一切不留　無可記憶
일체불류　무가기억

虛明自照　不勞心力
허명자조　불로심력

非思量處　識情難測
비사량처　식정난측

27

저 끝까지 나아가선 궁극의 자리
본떠야 할 어떤 법칙 있지 않으니
차별 없는 마음자리 맞아들이면
지어가는 모든 업을 쉬게 되리라.

28

여우처럼 내던 의심 다 없어지면
바른 믿음 조화롭게 곧아지리니
어떤 것도 마음속에 담지를 않아
기억하여 집착할 법 조금도 없네.

29

허허로운 밝은 광명 절로 비추니
애가 타게 마음 쓸 일 전혀 아니고
분별하여 헤아릴 곳 전혀 아니라
중생들의 생각으론 알기 어렵네.

眞如法界　無他無自
진여법계　무타무자

要急相應　唯言不二
요급상응　유언불이

不二皆同　無不包容
불이개동　무불포용

十方智者　皆入此宗
시방지자　개입차종

宗非促延　一念萬年
종비촉연　일념만년

無在不在　十方目前
무재부재　시방목전

30

참다운 법 존재하는 진여법계는
나와 남이 구별되는 법이 없으니
어서 빨리 이 자리에 가고자 하면
모름지기 '불이不二'라고 말할 뿐이다.

31

'불이'라면 모든 것이 다 같아지니
무엇 하나 포용하지 않는 것 없어
시방세계 지혜로운 모든 사람들
빠짐없이 이 종지로 들어가리라.

32

이 종지는 짧고 긴 게 전혀 아니라
한 생각이 그 자체로 만년이 되어
'있다' '없다' 상관없는 그 자리이니
시방세계 눈앞에서 펼쳐지리라.

極小同大　忘絶境界
극소동대　망절경계

極大同小　不見邊表
극대동소　불견변표

有卽是無　無卽是有
유즉시무　무즉시유

若不如此　不必須守
약불여차　불필수수

33

지극히도 작은 것이 큰 것과 같아
크고 작은 모든 경계 잊어버리고
지극히도 큰 것들이 작은 것 같아
그 끝이나 바깥 모양 볼 수가 없네.

34

'있다' 하는 그 자체가 없는 것이요
'없다' 하는 그 자체가 있는 것이니
우리 만약 이와 같지 아니하다면
그 경계는 지킬 것이 전혀 아니리.

一卽一切　一切卽一
일즉일체　일체즉일

但能如是　何慮不畢
단능여시　하려불필

信心不二　不二信心
신심불이　불이신심

言語道斷　非去來今
언어도단　비거래금

35

하나라는 그 자체가 일체 모든 것
모든 것들 그 자체가 하나일 따름
모름지기 이와 같이 할 수 있다면
어찌하여 못 깨칠까 걱정을 하랴.

36

믿는 마음 그 자체가 깨달음이요
깨달음은 다름 아닌 참다운 믿음
이 자리는 언어로써 표현 못하니
시방삼세 그 자체를 뛰어넘는 것.

2부
——
신심명 강설

1. 미워하고 사랑하는 마음 없으면

至道無難 　부처님 삶 깨닫는 건 어렵지 않아
지 도 무 난

唯嫌揀擇 　오직 하나 간택만을 꺼릴 뿐이니
유 혐 간 택

但莫憎愛 　미워하고 사랑하는 마음 없으면
단 막 증 애

洞然明白 　걸림 없이 확 트여서 명백하리라.
통 연 명 백

보통 우리는 '도道'를 닦아 부처님 삶을 사는 것이 어렵고 힘든
일이라고 짐작하여 '도'를 멀리 있는 어떤 것으로 생각합니다.
그런데 신심명 첫 구절에서는 '부처님 삶 깨닫는 건 어렵지
않다'라고 하며, 우리의 고정관념을 단숨에 깨뜨려 버립니다.

오로지 자신한테 있는 그대로의 마음을 쓸 뿐, 옳고 그름을
간택하여 분별하지 말라고 합니다. 자신의 생각에 집착하는,
미워하고 사랑하는 마음만 없으면 그 자리에서 안목이 확 트
여 부처님 마음으로 세상의 실체 그 모든 것을 분명히 볼 수
있다고 합니다. 그것이 '참된 도'요 '부처님 삶'이라고 합니다.

사람들이 분별하는 마음을 내고 시비하는 마음을 내므로 '도
道'가 천리만리 떨어져 있는 것이지, 그런 시비와 분별만 버리
면 그 자리에서 모든 것이 확 트여 부처님 세상이 나타난다는
것입니다.

중국 송나라 때 어느 재상이 임제 선사의[1] 맥을 이은 낭야각
선사에게 신심명 풀이를 편지로 부탁하였습니다. 선사께서
는 신심명의 이 첫 게송을 큰 글자로 쓰고는 그 밑에 나머지
게송을 작은 글자로 써서 답장을 보냈는데, 이 뜻이 무엇이겠
습니까? 이 첫 게송에 신심명의 모든 내용이 다 들어 있다는
것입니다. 이 게송의 뜻만 알면 전체 내용을 저절로 안다는
것입니다. 미워하고 사랑하는, 분별하는 마음이 없으면 부처
님 삶이 드러나 걸림 없이 이 세상을 살아가는 '도道'를 이룰
것입니다.

---

1. 임제(?-867) 스님은 출가해 여러 곳을 떠돌다 황벽 선사 문하에서 정진을 하게 되었다.
어느 날 황벽 선사에게 세 차례나 불법의 참뜻을 물었다가 주장자로 맞기만 하자, 선사
를 떠나 대우 스님을 찾아갔다. 대우 스님은 자신을 찾아온 임제 스님에게 "황벽 선사께
서 요즘 무슨 법문을 하시던가?"라고 물었다. 임제 스님은 세 번이나 주장자로 얻어맞
은 사실을 말하고 자신에게 무슨 허물이 있기에 그처럼 때리는지 모르겠다고 말했다.
이때 대우 스님이 "황벽 스님께서 자네를 위하여 그처럼 애를 썼는데도 그분의 잘못이
라고 생각한단 말인가?"라고 하자, 이 말에 크게 깨친 임제 스님은, "황벽의 불법이 별거
아니군" 하고 중얼거렸다. 대우 스님이 "아까는 잘못이라 하더니 이제 와서 웬 큰소리
인가?" 야단치니, 스님은 대우 스님의 옆구리를 주먹으로 세 번이나 쥐어박았다. 임제
스님은 황벽 선사의 법통을 잇고 가르침을 펴기 시작하면서 임제종의 종조가 되었고,
학인들을 다룰 때는 깨침을 주고자 '할'이란 방편을 많이 사용한 것으로 유명하다.

2. 이 자리서 참다운 도 얻고자 하면

毫釐有差 털끝만한 차이라도 있게 된다면
호 리 유 차

天地懸隔 하늘과 땅 거리만큼 멀어지리니
천 지 현 격

欲得現前 이 자리서 참다운 도 얻고자 하면
욕 득 현 전

莫存順逆 좇아가고 거스르는 마음 없애라.
막 존 순 역

부처님 삶이 드러나 걸림 없이 이 세상을 살아가려면 중생의 시비분별이 없어야 합니다. 조금이라도 시비분별이 있게 된다면 그 자리에서 부처님 세상은 멀어지게 됩니다.

신심명의 두 번째 게송은 이 내용을 말하고 있습니다. 시비분별하는 마음이 조금이라도 일어나 부처님 마음과 털끝만한 차이라도 있게 된다면, 이는 바로 중생의 삶이 되니 '도道'와는 하늘과 땅만큼 멀어집니다. 그래서 도를 이룰 기약이 없다는 것입니다.

그러므로 참다운 도를 바로 얻고자 하면 자신이 좋아하는 소리만 옳다고 하여 좇아가고, 자신이 싫어하는 소리는 틀렸다고 하여 외면하는 마음을 내지 말아야 합니다.

이런 마음을 내지 않으면 시비분별을 일으키는 '나'가 없어지고, 헛된 집착인 '나'가 사라지면 '나'를 만들어낸 먹장구름 같던 무명도 점차 엷어집니다. 그러다 무명이 완전히 사라지면 '자신의 참 성품'이 태양처럼 빛나며 오롯하게 드러나니, 이것이 '도道'로서 '깨달음'이요, '부처님 세상'이며 '부처님의 바른 법'입니다.

3. 중생들의 마음에서 만들어진 병

違順相爭   어긋나고 순종하다 서로 다툼은
위 순 상 쟁

是爲心病   중생들의 마음에서 만들어진 병
시 위 심 병

不識玄旨   부처님의 깊은 뜻을 알지 못하고
불 식 현 지

徒勞念靜   부질없이 고요함만 찾고 있구려.
도 로 염 정

수행을 한다고 하면 우리는 깊은 산속에서 고요히 앉아 선정에 들어 있는 수행자의 모습을 연상합니다. 번잡한 세상을 떠나 숲 속에 홀로 앉아 한가롭고 고요한 상태에서 공부하는 수행자의 생활은 생각만 해도 아름답습니다. 그러나 '산속에 홀로 정진하는 수행자'라는 틀을 만들어 그 안에 갇혀 있다면 그것은 참된 수행이라 할 수 없습니다. 가만히 앉아 마음을 닦고 있다고는 하지만 고요한 마음에 집착하는 것은 중생의 또 다른 시비분별이기 때문입니다. 이는 모든 집착에서 벗어나라는 부처님의 깊은 뜻을 알지 못하기에 일어나는 일입니다.

『유마경』에서 전하는 일화가 있습니다. 숲 속에서 고요히 앉아 공부하는 것을 전부로 알고 그것을 즐기고 있던 사리불에게, 유마 거사는 이렇게 말합니다.

"사리불이시여, 반드시 앉아 있는 것만이 끄달림 없이 편안한 마음으로 앉아 있는 '연좌宴坐'가 아닙니다. '연좌'란 무엇이겠습니까?

생사를 거듭하는 미혹의 세계라도 경계에 집착하는 마음이 없어 편안한 상태가 '연좌'가 되는 것입니다. 생멸하는 것이 아닌 늘 여여하고 고요한 선정 속에서 모든 위의를 남김없이 드러내는 것입니다. 깨달음의 길을 버리지 않고서도 깨달음의 길을 세속적인 범부의 일을 통하여 하나도 빼놓지 않고 그대로 드러내는 것입니다. 마음이 안으로 갇히어 정적에 잠기는 것도 아니고 밖을 향하여 어지러워지지도 않는 것입니다. 모든 삿된 견해에 흔들리지 않고 온갖 수행을 닦아나가는 것입니다. 번뇌를 끊어내지 않고서도 열반에 들어가는 것이 '연좌'가 되는 것입니다.
만약 이와 같이 올바른 좌선을 할 수 있다면 부처님께서도 그 공부를 인정해 주실 것입니다."

사리불처럼 세상의 시끄러움을 피하고 고요한 경계에만 집착하는 한, 이 집착은 중생의 또 다른 시비분별이므로 이 시비분별이야말로 중생을 번거롭게 만드는 마왕이 됩니다.

고요한 경계를 취한다는 것은 아직 좋아하는 게 있다는 것이니 경계가 남아 있어 시비분별이 끊어지지 않았다는 것입니다.

좋고 나쁨, 옳고 그름을 분별하여 생각을 일으키는 것은 중생의 마음이 움직이는 것이요, 마음이 움직이면 아무리 미세한 것이라도 갈등이 없을 수 없으니, 그 틈을 타 다른 사람들에게 시비하며 다투기 쉽습니다.

그러므로 우리는 마음속의 집착을 버리라는 부처님의 깊은 뜻을 알고, 현상으로 드러나는 고요한 모습만이 공부라고 부질없이 찾아다니는 일을 하지 말아야 합니다. '부처님의 깊은 뜻[玄旨]'을 알아야 '부처님 삶[至道]'을 깨닫는 것입니다.

4. 지극한 도 오롯하여 큰 허공 같아

圓同太虛 지극한 도 오롯하여 큰 허공 같아
원 동 태 허

無欠無餘 부족하고 넘치는 게 없는 것인데
무 흠 무 여

良由取捨 취하거나 버리려는 마음 있기에
양 유 취 사

所以不如 그로 인해 여여 하지 않게 되나니.
소 이 불 여

마음속의 집착을 버리라는 '부처님의 깊은 뜻[玄旨]'을 알고 '부처님 삶[至道]'을 사는 것이, 무엇 하나 부족하거나 넘치는 게 없이 사는 '오롯한 진리[圓]'입니다. 이 오롯한 진리가 지극한 도로서 부처님 마음을 말합니다.

이 게송은 부처님 마음을 허공에 비유한 것입니다. 부처님 마음은 허공처럼 중생의 온갖 망상이 사라진 '텅 빈 충만'일 뿐입니다. 허공에 무엇 하나 부족하고 넘치는 것이 없듯 부처님 마음도 무엇 하나 부족하고 넘치는 게 없이 늘 여여 합니다.

부처님 마음자리는 중생의 온갖 시비분별이 사라진 곳이므로 집착할 곳이 전혀 없다는 의미로 선가에서는 이를 '몰파비沒巴鼻'라 표현하기도 합니다. '파巴'는 잡는다는 뜻이요 '비鼻'는 '코'입니다. 코를 잡듯이[巴鼻] 어떤 경계로 잡을 곳이 있다고 생각하는 것이 중생의 시비분별심이라면, 분별심이 조금도 없는 것이 '몰파비沒巴鼻'이지요.

'파비巴鼻'처럼 중생들은 늘 '나'에 집착해서 무엇인가 취하고 버리려는 마음을 내고 있기에, 그로 인해 참으로 진실한 자기 마음을 여여 하게 보지 못하는 것입니다. 중생의 마음으로는 바라면 바랄수록 가지면 가질수록 더욱 갈증이 나고 궁핍해질 뿐이니, 집착은 더 큰 집착을 낳기 때문입니다.

서산대사께서 말씀하셨습니다.

"중생의 마음을 버리려고 할 것이 아니라
다만 자신의 성품만 오염시키지 말라.
바른 법을 찾는 그 자체가 삿된 짓이다."[1]

---

1. 不用捨棄生心 但莫染汚自性 求正法 是邪.
   원순 역해, 『선가귀감』(도서출판 법공양, 2007년), 119쪽.

5. 인연들이 있다 하여 좇지를 말고

莫逐有緣　인연들이 있다 하여 좇지를 말고
막 축 유 연

勿住空忍　'공 도리'라 집착하여 머물지 마라
물 주 공 인

一種平懷　한마음을 변함없이 품고 산다면
일 종 평 회

泯然自盡　온갖 번뇌 제 스스로 없어지리라.
민 연 자 진

무엇 하나 부족하거나 넘치는 것 없는 여여 한 마음은, 인연들이 있다 하여 좇아가는 마음을 내거나, 진리를 나타내는 공 도리라 하여 집착하지 않습니다.

'공'에 집착하는 것을 선가에서는 침공체적沈空滯寂이라고합니다. 고요하고 편안한 경계에 빠져서 거기서 빠져나올 줄모른다는 것입니다. 여기서 멈추면 공부에 진전이 없습니다. 그 까닭은 진짜 자기 마음을 알지 못하고 있기 때문입니다. 허망한 마음을 일으키지 않고 무명을 타파하여 부처님 마음자리를 봐야 하는 것인데, 무명을 타파하기도 전에 아무것도 없는 경계에 집착하고 있기 때문입니다. 우리 마음이라는 것은 살아서 움직이되 늘 고요한 부처님 마음자리와 하나가 되어야 합니다.

우리는 '반야심경'에 나오는 "색 그대로 공이면서 공 그대로 색이다"라는 '색즉시공色卽是空' '공즉시색空卽是色'이란 말을 많이 듣고 살아 왔습니다. 여기서 말하는 '색色'은 온갖 인연으로 나타나는 법法을[1] 말하고, '공空'은 온갖 인연으로 나타나는 법도 공일 뿐 그 안에 어떤 실체도 없다는 뜻입니다. 곧 드러난 온갖 인연법은 실상 '공'이요, '공'이지만 어떤 인연이 주어지면 '공'에서 온갖 법이 드러나는 것이기에 '색' 그대로 '공'이 되고 '공' 그대로 '색'이 된다는 것입니다.

그런데 이 가운데 색에 치우쳐 집착하면 범부라 하고, 공에 집착하면 소승이라 하니, 이런 마음을 쓰는 범부와 소승은 그 어디에도 집착이 없는 대승의 마음, 부처님 마음이 되지 않습니다.

그 어디에도 집착이 없는 '한마음'이란 취함과 버림에 치우치

---

1. 여기서 말하는 '온갖 인연으로 나타나는 법法'이란 '나'라는 인식주체가 대상경계를 받아들여 분별해서 이름 붙인, 세상의 모든 것을 말한다.

지 않는 마음, 미움과 사랑에 흔들림이 없는 마음, 좇음과 거스름에 집착이 없는 마음, 순종하다가 어긋나 서로 다투는 일이 없는 마음을 말하는 것이니, 집착과 분별이 사라진 텅 빈 '한마음'을 말합니다. 자신의 생각에서 두 개로 갈라진 마음이 아니라, 하나의 마음이 순수하게 온전히 드러나는 것입니다.

이 마음이 오고 가고 앉고 눕는 일상의 모든 삶 속에서 끊임없이 이어지는 것이 바로 '선禪'입니다. 부처님 마음이 바탕에 깔려 그 마음이 부처님의 삶으로 끊임없이 드러나는 것이지요.

온갖 번뇌가 저절로 다 사라져 없어진 이 자리에서, '부처님의 깊은 뜻[玄旨]'을 알고 '부처님의 삶[至道]'을 살면, 무엇 하나 부족하거나 넘치는 게 없는 '오롯한 진리[圓]'가 드러날 것입니다.

6. 이런 마음 아직 한쪽 집착하는 것

止動歸止 움직임을 멈추어서 그치려 하면
지 동 귀 지

止更彌動 그 마음이 다시 더욱 요동을 치니
지 갱 미 동

唯滯兩邊 이런 마음 아직 한쪽 집착하는 것
유 체 양 변

寧知一種 어찌하여 한마음을 알 수 있을까.
영 지 일 종

세간에서 좋아하는 마음과 싫어하는 마음이 사람의 마음을 움직이게 하므로, 그 마음을 바람에 비유하여 '팔풍八風'이라 합니다. 중생들은 자기한테 돌아오는 이익과 손해, 내 뒤에서 험담하거나 칭찬하는 것, 내 앞에서 비방하거나 칭찬하는 것, 괴로운 일과 즐거운 일, 이 여덟 가지 경계에 집착하여 마음이 수없이 흔들립니다.

이처럼 경계에 늘 마음이 흔들리며 살아왔던 고통스런 우리의 삶을 바꾸기 위하여, 경계에 움직이는 마음을 그치고 고요한 마음을 갖고자 사람들은 수행을 시작합니다.

어떤 사람들은 시끄러운 세상살이를 피해 깊은 산중으로 들어가 수행을 합니다. 사람들과 어울려 살 때는 자기 마음이 어떻게 돌아가는지 몰랐는데, 고즈넉한 절에서 자기 마음을 들여다보니, 마음속에 엄청난 생각이 끊임없이 흘러가는 것이 보입니다.

이런 현상은 고요한 곳에서 조용히 앉아 마음을 들여다보면 누구나 경험하는 일입니다. 지금 앉아 있는 자리에서 자신의 마음이 더욱더 요동을 치며[彌動] 옛날 일부터 지금까지 집, 직장, 가족, 친구, 대한민국 더 나아가 전 세계를 끊임없이 헤집고 다니는 것입니다.

그럴수록 고요한 마음을 갖고자 강한 집착을 하게 되는데, 이러한 마음은 중생의 시비분별에서 비롯되어 아직 한쪽에 집착하고 있는 것이므로 선정에 들 수 없습니다. 양변에 떨어진 것입니다. 양변이란 이쪽저쪽 나누어 어느 한쪽이 옳다고 집착함을 말하니, 이런 중생의 마음으로는 집착이 떨어진 부처님 마음을 조금도 알 수가 없습니다.

그러므로 이 양변에 대한 집착에서 벗어나라고 부처님은 말씀하십니다. 이 가르침이 중도中道 사상인데 '중도中道'란 어림짐작하여 가운데를 취한다는 뜻이 아닙니다. 화살이 과녁을 명중시키듯 정확하게 한 치의 오차도 없이 진리를 꿰뚫어 바로 보는 것입니다.

양변에 집착하는 마음을 벗어나 중도의 길을 갈 수 있다면 그 자리에서 부처님 마음이 드러날 것입니다.

> 헛된 마음 버리고자 진리 찾지만
> 취사분별 그 마음은 교묘한 거짓
> 학인들이 이 모르고 수행한다면
> 정말이지 도둑놈을 아들 삼는 짓.[1]

---

1. 捨妄心 取眞理 取捨之心成巧僞 學人不了用修行 眞成認賊將爲子.
   원순 역해, 『신심명·증도가』(도서출판 법공양, 2013년), 61쪽.

7. 공을 찾고 찾을수록 공을 등지네

一種不通 한마음에 모든 것이 안 통한다면
일 종 불 통

兩處失功 이쪽저쪽 무량공덕 잃게 되는 것
양 처 실 공

遣有沒有 '유'를 버려 버릴수록 '유'에 빠지고
견 유 몰 유

從空背空 '공'을 찾고 찾을수록 '공'을 등지네.
종 공 배 공

부처님 한마음에 모든 것이 통한다면 그 자리에 부처님 세상이 드러나 헤아릴 수 없는 공덕이 생겨납니다. 반대로 한마음에 통하지 않는다면 중생의 분별로 드러나는 세상이므로 부처님의 공덕이 있을 수 없으니, 중생의 집착으로 어떤 생각 어떤 주장을 하던 간에 이쪽저쪽의 양변에 떨어지게 되어, 부처님의 무량공덕을 잃게 됩니다.

여기서 말하는 '유有'는 색色처럼 온갖 인연으로 나타나는 법이 있음을 가리킵니다. 이것이 잘못된 생각인 줄 알고 '유'를 버린다고 버렸는데, 버렸다는 생각이 남아 있어 거기에 집착하고 있는 것을 '유를 버려 버릴수록 유에 빠진다'라고 말하는 것입니다.

반대로 '공空'은 온갖 인연으로 나타나는 법도 공일 뿐 그 안에 어떤 실체가 없다는 뜻에서 진리의 실상을 말하는 것인데, 수행자가 이 공을 찾는다고 하면서 공에 집착하고 있는 모습을 '공을 찾고 찾을수록 공을 등진다'라고 말하는 것입니다.

어느 쪽이든 중도를 벗어난 양변에 떨어지기에 부처님의 무량공덕을 잃게 됩니다. 그러므로 육조 스님도 제자들에게 하는 마지막 법문에서 "법회를 열 때 대중들에게 서른여섯 가지 양변을 벗어난 중도 법문을 설하라"고 말씀하셨습니다. 이 게송 원문에 나오는 '양처兩處'는 양변兩邊의 다른 이름입니다.

부처님 한마음에 통하지 못하면 상대적인 개념을 가지고 세상을 살아갈 수밖에 없습니다. 옳고 그름, 사랑하고 미워함, 따르거나 거스름, 취하고 버림 등 치열하게 시비분별하며 살아갈 수밖에 없으니 그 속에서 참다운 공부는 사라지고 맙니다.

참다운 법을 공부하기 위해 분별을 버리고자 하는데 그것이 쉽지 않습니다. 분별을 버리고자 하면 할수록 분별을 버리고

자 하는 그 마음으로 다시 분별을 하고 있으니, 아직 중생의 분별심에서 헤어 나오지 못하고 있는 것입니다.

우리는 분별심을 버려야 한다면서 버려야 할 그 자리에서 다시 분별심을 냅니다. 그러므로 '모든 것이 공이야' 이렇게 이야기하면서도, '공'에 집착하여 '공'이라는 말 이면에 숨어 있는 진실을 알지 못합니다. 이는 '모든 것이 공'이라는 말뿐인, 이미 죽은 개념이 된 공에 매몰되어 진짜 공사상을 등지는 것과 같습니다.

대부분 사람들은 공空 도리에 대해 잘 알지 못하면서 막연히 조금 배워 아는 것으로서 '공이란 이런 것이다'라고 상정을 하고 있습니다. 그런데 이런 선입견을 가지고 공 도리를 닦고 있다면 오히려 진실한 공을 배척하게 됩니다.

모든 것의 실체를 부정하는 자리에서 진실한 부처님 마음자리가 드러난다는 것이 공사상입니다. 모든 것을 부정하는 것은 단지 방편일 뿐, 이런 방편을 통하여 긍정적인 부처님 마음자리가 모두 드러나야 하는 것입니다. 그런데 공 도리를 공부한다고 하면서 공을 잘못 이해하여 '공이란 아무것도 없는 것이다'라고 주장하면 공에 매몰되어 공을 등지게 될 것입니다.

8. 말이 많고 생각 많이 하면 할수록

多言多慮　말이 많고 생각 많이 하면 할수록
다 언 다 려

轉不相應　그 공부는 시나브로 멀어지는 도
전 불 상 응

絶言絶慮　말과 생각 끊어져서 자취 없어야
절 언 절 려

無處不通　도道 통하지 않는 곳이 없을 것이네.
무 처 불 통

양변을 벗어난 부처님의 중도사상을 실천하려면, 중생의 분
별심이 떨어져야 하는데도, 말이 많고 생각이 많은 것이 평소
우리 분별덩어리 중생의 삶입니다.

말이 많고 생각이 많으면 많을수록 분별심이 많아지므로 시
나브로 도와 멀어집니다. 좋은 말이라도 많이 하면 할수록 말
의 가치가 떨어지고, 생각을 많이 하면 할수록 자기 생각의
굴레에 빠지며, 잔머리를 굴리면 굴릴수록 사람들의 마음은
편협해집니다.

말이나 생각이 많은 사람을 보면 뭔가 내적으로 불안하고 마음이 허한 것 같다는 생각도 듭니다.

별일도 아닌데 어떤 일이 있으면 '여기에는 이런 의미가 있을 거야, 이런 뜻으로 이야기했을 거야' 하면서, 좋은 뜻으로 의미를 부여하면 행복해서 입이 벌어지고, 또 나쁜 의미를 부여하면 우울해하고 심각해집니다.

정작 그 이야기를 한 사람은 무엇을 이야기했는지도 모르는데 들은 사람은 그 말 한마디에 기뻤다가 슬펐다가 마음이 수시로 변하는 것입니다. 이 사람이 과연 행복하며 그 말에 담긴 진실을 알 수 있을까요?

상대가 아무리 진심을 담아 좋은 말을 할지라도 이런 사람들은 자기 잔꾀에 속아, 진실을 있는 그대로 받아들이지 못할 것입니다. 반대로 말과 생각이 끊어짐은 중생의 분별심이 사라지는 것이요, 여기에서 부처님 마음이 드러나니, 이 마음이 도道로서 어떤 곳이라도 통하지 않는 곳이 없습니다. 그래서 도를 닦을 때는 묵언하라, 시비하는 마음 분별하는 마음을 버리라고 하는 것입니다.

옛 스님께서도 말씀하셨습니다.

"한 폭의 흰 비단처럼, 맑고 차가운 강물처럼, 오래된 절의 향로처럼 흔적이 없는 고요한 마음을 챙겨, 바로 미세한 망상을 끊고 분별하는 마음을 떠나서 말뚝처럼 어리석은 듯해야, 비로소 조금 통할 것이 있으리라."[1]

---

1. 一條白練去 冷湫湫地去 古廟裏香爐去 直得絶廉纖 離分別 如痴似兀 方有少分相應.
   원순 역해, 『진심직설』(도서출판 법공양, 2015년), 77쪽.

9. 잠시라도 한 생각을 돌이킨다면

歸根得旨　근본으로 돌아가면 종지 얻지만
귀 근 득 지

隨照失宗　현상경계 따라가면 종지 잃으니
수 조 실 종

須臾返照　잠시라도 한 생각을 돌이킨다면
수 유 반 조

勝却前空　이런저런 공空보다도 뛰어나리라.
승 각 전 공

중생의 말로 언급할 길이 끊어지고 중생의 마음 갈 곳이 사라진 부처님 마음자리를 우리는 부처님 최고의 가르침이 드러나는 '종지宗旨'라고 말합니다.

'근본으로 돌아가면 종지를 얻는다'라고 이야기할 때, 여기서 말하는 근본은 앞서 말한 '부처님의 깊은 뜻[玄旨]', '부처님 삶[至道]', 무엇 하나 부족하거나 넘치는 게 없는 '오롯한 진리[圓]'를 말합니다. 또한 '성품이 맑고 깨끗한 자신의 마음'인 '자성청정심自性淸淨心' 또는 '변함이 없는 참으로 여여 한 자신의 성품'인 '진여자성眞如自性'이라고도 합니다.

이 말들의 뜻을 간단히 풀이하면 '중생의 온갖 망념이 다 사라진 부처님 마음자리'를 말하는 것입니다. 늘 우리 마음을 이 마음자리에 맞추어 살아가야만 종지를 얻지, 인연 따라 일어나는 번다한 세상살이를 일일이 따라다니면서 집착하면 부처님 가르침과 멀어지고 마침내 종지를 잃게 됩니다.

그러므로 잠시라도 한 생각을 돌이켜 우리의 근본 마음자리를 챙기는 것이, 이런저런 공 도리에 집착하여 내세우는 것보다 훨씬 더 뛰어납니다.

이 말은 수행의 체험을 통해 근본 마음자리를 아는 것이 입으로 '공', '공' 하면서 공이라고 자신이 주장하는 것을 진리라고 이야기하는 것보다 백 배 천 배 훨씬 더 낫다는 뜻입니다.

수행의 체험을 통해 근본 마음자리를 알게 되면 '공이란 무엇이다'라고 정해진 것조차 없다는 것을 알게 되기 때문입니다.

다시 말하자면 자기가 공이라 주장하는 것을 진리라고 떠들 일이 아니라, 수행의 체험을 통해 자신의 근본 마음자리를 알아야 하는 것입니다.

한순간이라도 내 근본 마음자리를 비추어 본다면 세상 인연에 휩쓸려 일희일비하지 않고 부처님의 가르침에 따라 마음이 여여 할 것입니다. 이것이 어찌 머리로만 헤아려 '공이란 이런 것이다'라고 생각하는 것과 비교할 수 있겠습니까. 그러므로 한 생각 돌이켜 내 마음을 챙기는 것이 곧 공 도리를 실천하는 것입니다.

10. '공 도리'라 이런저런 말들 하지만

前空轉變   '공 도리'라 이런저런 말들 하지만
전 공 전 변

皆由妄見   이 모두는 망견으로 말미암은 것
개 유 망 견

不用求眞   참된 법을 구한다고 애쓰지 말고
불 용 구 진

唯須息見   오직 하나 삿된 견해 쉬어야 하네.
유 수 식 견

수행의 체험을 통해 아는 부처님 마음자리는 모든 시비가 끊어진 데서 나오는 것입니다. 이러한 사실도 깨닫지 못한 채 앞에서 '공', '공' 하면서 한 번 부정한 것을 계속 백 번 천 번 부정해 가는 것을 공 도리라 한다면 이는 중생의 허망한 견해일 뿐입니다.

누가 어떤 '공 도리'를 이야기할 때 "지금 네가 이야기하는 '공 도리'는 공에 집착한 것이다"라고 지적하여 그 분별을 딱 부정합니다. 그러면 부정한 이것 또한 분별이 되어버리니, 이런 부정이 계속되면 이십 공도 되고 백팔 공도 되고 천 가지 공, 만

가지 공이 가능하게 됩니다.

이렇게 참된 법을 구한다고 애를 써서 공 도리를 자꾸 이야기하는 것은 중생들이 부처님 말씀의 참뜻을 못 알아듣기 때문입니다.

그래서 부처님이나 조사 스님이 이런저런 말을 계속 방편으로 이어가는 것이지, 실제로 거기에 뜻이 있는 것은 아닙니다. 예를 들어 『무문관』을 보면 수산 스님께서 죽비를 들고 대중들에게 보이면서 묻습니다.

"그대들 모두 이것을 죽비라 불러도 잘못이요, 죽비라 부르지 않아도 잘못이니 그대들은 한번 일러 보아라. 이를 무어라 불러야 할지?"

이는 모두 중생을 상대하기 위한 방편이니, 이런 방편에 집착하여 참된 법을 구한다고 애쓸 일이 아니라, 그런 방편조차 놓아버려야 합니다. 승찬 스님께서 이 대목에서 말하고 싶은 것은 참이다, 거짓이다 구분을 해서 참된 법을 구하려고 하지 말라는 것입니다. 참된 법이라 해서 구하려 하지 말고 모름지기 분별 속에 있는 자신의 견해, 그 삿된 견해를 내려놓으라는 것입니다.

자기 생각으로 주장하는 것이 있기 때문에 세상만사 중생계 온갖 일들이 벌어집니다. 그런 시비분별이 일어날 때 그 이면의 진실을 보려면 우선 자신에게 집착하는 분별심이 없어야 합니다. 그래서 '불용구진不用求眞' 이게 옳다 참된 법이다 주장하며 구하려고 하지 말고, '유수식견唯須息見' 오직 하나 중생의 마음속에서 분별하는 마음, 집착하는 삿된 견해 모름지기 그 마음만 버리면 됩니다.

먹장구름 같은 중생의 마음만 버리면 시비분별이 사라진 이 세상 그대로가 참으로 여여 한 행복이므로, 구름이 걷히면 태양이 빛나듯 여러분이 본디 지니고 있는 부처님 마음자리가 빛날 것입니다.

> 어릴 적부터 줄곧 나그네 노릇을 하면서
> 몇 번이나 산을 돌고 큰 강을 건넜던가?
> 길을 가다 어느 아침 고향 길을 밟고 보니
> 부질없이 객지에서 긴 세월을 보냈구나.[1]

---

1. 自少來來慣遠方 幾廻衡陽渡瀟湘 幾廻衡陽渡瀟湘 始覺道中日月長.
   원순 역해,『선수행의 길잡이』(도서출판 법공양, 2008년), 407쪽.

11. 자칫하여 시비분별 있게 된다면

二見不住 어떤 견해 집착하여 머물지 말고
이 견 부 주

愼莫追尋 삼가하고 조심하여 좇지를 마라
신 막 추 심

纔有是非 자칫하여 시비분별 있게 된다면
재 유 시 비

紛然失心 어지럽게 참마음을 잃게 되리라.
분 연 실 심

중생들은 늘 시비하고 분별하면서 자신의 견해를 드러내고
싶어 합니다. 이런 모습을 신심명에서는 두 가지 견해로 서로
다투고 있다는 뜻의 '이견二見'이라 표현하고 있습니다.

원문의 이견二見은 옳고 그름을 따지는 양변에서 서로 어떤
견해를 가지고 자신만이 옳다고 다투는 것을 말합니다. 그러
므로 승찬 스님은 "어떤 견해에도 집착하지 말고, 집착하는
마음을 삼가고 조심하여 좇지를 말라"라고 합니다. 자칫하여
여기에 옳고 그름을 따지는 시비분별이 있게 된다면, 마음이
어지러워져 참마음을 잃게 된다는 것입니다.

그러나 시비하고 분별하는 마음을 내지 않기가 참 어렵지요. 그래서 문聞·사思·수修 공부가 필요합니다. '문聞'은 부처님 법문을 열심히 듣는 것입니다. 그 다음 '사思'는 법문의 내용이 옳은가 그른가를 철저히 하나하나 사유하고 분석하는 것입니다. 마지막으로 '수修'는 그 가르침이 옳다고 생각되면 올곧은 믿음으로 법문의 내용을 그대로 실천 수행하는 것입니다. 참된 불교 공부는 반드시 문聞·사思·수修의 과정을 거쳐야 합니다.

이 세 가지는 언제 어디서나 불교 수행을 잘 하고 있는지 점검할 수 있는 지침입니다.

문聞,
우리는 부처님 가르침을 열심히 들으면서 공부하고 있는가?
사思,
부처님 가르침을 사유하여 그 가르침을 제대로 알고 있는가?
수修,
부처님 세상으로 가기 위하여 부처님 가르침대로 살고 있는가?

우리가 부처님이나 큰스님의 법문을 듣더라도, 사유하는 과

정이 없이 '수修'만을 강조하다 보면 수행의 균형이 깨지게 됩니다. 수행자가 맹목적으로 '수修'에만 중점을 두다 보면 십 년, 이십 년의 세월이 흘러도 정작 부처님 법을 잘 모릅니다. 예전에 한번 읽었다고 해서 부처님 법을 안다고 생각하면 큰 오산입니다. 부처님 법을 안다고 생각해도 아직은 중생의 분별로 아는 것이기에 끊임없이 경전을 읽고 사유하며 점검해야 합니다. 이런 과정이 없으면 선지식으로서 자격과 역량을 갖추기 어려울 수밖에 없습니다. 그러다 보면 세상 사람들 앞에 떳떳한 모습으로 설 수 없습니다. 부처님의 도와 어긋난 길로 잘못 들어섰기 때문입니다.

절에 다니는 불자들도 마찬가지입니다. 기도나 염불, 참선을 하면서 절에 공양을 올릴 때, 그 의미가 정확히 무엇이고 그 보살행을 통하여 나에게 어떤 과보가 오리라는 것을 잘 헤아리고 실천해야 비로소 그 행에 공덕이 있는 것입니다.

모든 경계에 집착 없이 삼가 조심하여 시비분별을 하지 말라는 승찬 스님의 법문을 듣고, 그 이치를 잘 사유하여 그 말씀 그대로 실천하고 산다면 우리가 삶의 매순간 참마음을 잃을 일은 없을 것입니다.

12. 온갖 법에 아무 허물없을 것이네

二由一有　둘이란 건 하나로써 말미암으니
이 유 일 유

一亦莫守　하나라는 그 조차도 집착 말아라
일 역 막 수

一心不生　한 마음도 일어나지 않게 된다면
일 심 불 생

萬法無咎　온갖 법에 아무 허물없을 것이네.
만 법 무 구

우리가 부처님 가르침을 너무 모르고 실천하지 못하는 데서 불교 공부가 어려울 뿐, 부처님 가르침은 정말 쉬운 것입니다.

중국 선종의 거대한 뿌리인 육조 혜능 스님도 나무꾼일 때 손님의 청으로 객점에서 나뭇짐을 부리다가, 어떤 사람이 읽고 있던 『금강경』에 나오는, '그 어디에도 집착하지 말라[應無所住而生其心]'는 말을 듣고 바로 그 자리에서 깨달음을 얻지 않습니까? '그 어디에도 집착하지 말라'는 쉬운 이 말 한마디가 승찬 스님 법문의 핵심이라고 볼 수도 있습니다.

바로 앞의 게송에서 옳고 그름을 따지는 양변에서 서로 어떤 견해가 옳다고 다투는 것을 '이견二見'이라고 했는데, 이런 마음이 있으면 참마음을 잃게 된다고 말했습니다.

서로 자신의 주장이 옳다고 다투는 것은, 옳다고 하는 어떤 것이 있음을 전제하는 것인데, 이는 '부처님 마음'이라고 하는 '참마음'을 말합니다.

여기 게송에서 "둘이란 건 하나로써 말미암으니"라고 말할 때, '둘'은 내 견해가 상대방 견해보다 옳다고 주장하며 서로 다투는 것인데, 그 다툼도 역시 옳다고 내세울 수 있는 '하나'라는 참마음이 있다고 생각하기 때문입니다.

서로의 다툼도 결국 '참마음'이란 것이 있다고 단정하고 매달리기 때문에 일어나는 것이니, '하나라는 참마음 그 조차도 집착하지 말라'는 것입니다. 그리하여 한 마음도 한 생각도 일어나지 않게 된다면 그 어떤 법에도 아무 허물이 없다는 것입니다.

한 마음도 한 생각도 일어나지 않는데 집착할 마음이 어디 있을 것이며, 집착하는 마음이 없는데 어떤 경계를 두고 옳고 그름을 따지는 일이 있겠습니까. 집착이 없는 세상, 분별이 없어 다툼이 없는 세상이 있는 그대로의 부처님 세상입니다.

나무 잡고 오르는 것 기특한 일 아니어라
천길 벼랑 손 놓아야 대장부라 부르는 것
서늘한 밤 물이 차서 고기 잡기 어렵기에
돌아가는 텅 빈 배에 달빛 가득 실으리라.[1]

1. 得樹攀枝未足奇 懸崖撤手丈夫兒 水寒夜冷魚難覓 留得空船載月歸.
   원순 역해, 『야부 스님 금강경』(도서출판 법공양, 2011년), 175쪽.

13. 어떤 법도 없게 되니 마음도 없어

無咎無法 무 구 무 법	아무 허물없게 되니 어떤 법 없고
不生不心 불 생 불 심	어떤 법도 없게 되니 마음도 없어
能隨境滅 능 수 경 멸	대상경계 사라지면 볼 주체 없고
境逐能沈 경 축 능 침	볼 주체가 사라지면 경계도 없다.

승찬 스님께서는 늘 부처님 마음조차 집착하지 말라고 하셨으니, 이 게송에서 한 생각도 집착하는 마음을 일으키지 않으면 온갖 법에 어떤 허물도 없다고 말씀하시는 것입니다.

한 생각도 일어나지 않는데 집착할 대상이 어디 있겠으며, 집착할 대상이 없는데 어떤 경계를 가져다가 옳고 그름을 따지겠습니까. 집착이 없는 세상, 분별이 없어 다툼이 없는 세상이 있는 그대로의 행복한 삶입니다. 이것이 부처님 마음이요, 무심한 도인의 삶입니다.

'아무 허물도 없다는 것[無咎]'은 집착으로 살아가는 중생의 삶이 없다는 것이요, 집착으로 살아가는 중생의 삶이 없다는 것은 '집착할 어떤 법도 없다는 것[無法]'입니다. 집착할 수 있는 어떤 법도 생겨나지 않으니[不生] 이것에 집착하여 살아가는 중생의 마음도 존재하지 않습니다[不心].

집착으로 살아가는 중생의 마음이 존재하지 않는다는 것은, 집착할 수 있는 법으로서 대상경계가 사라지면[境滅] 이것을 볼 수 있는 주체로서 중생의 마음도 존재할 수 없다는 것입니다[能隨].

반대로 볼 수 있는 주체가 사라진다면[能沈] 그 대상경계로서 존재할 수 있는 어떤 법도 없습니다[境逐].

우리 마음에서 중생의 마음이 존재하지 않는다면 그 자리가 환히 빛나는 부처님 마음입니다. 중생의 집착이 사라진 마음에서 무심하게 차별 없이 온갖 인연을 맞이하고 보내는 것이 도인의 삶입니다.

14. 원래부터 이 모두는 하나의 공성空性

境由能境　대상경계는 볼 주체로 인하여 있고
경 유 능 경

能由境能　볼 주체는 경계로써 주체라 하니
능 유 경 능

欲知兩段　이쪽저쪽 양쪽 경계 알려고 하나
욕 지 양 단

元是一空　원래부터 이 모두는 하나의 공성空性.
원 시 일 공

'대상경계[境]'는 좋고 나쁜 것을 분별하는 주관으로 말미암아[由能] 생기는 것이요, '주관[能]'은 집착하는 어떤 경계가 있음으로 말미암아[由境] 표출되는 것입니다.

중생들은 늘 '나' 잘났다는 마음에 자기중심적으로 세상을 살아갑니다. 온갖 경계를 좋고 나쁘다는 자기 기준으로 판단하여 자기한테 좋다고 생각하는 것에 집착하고 살아가는 것입니다.

하지만 '나'라는 것은 원래 실체가 없습니다. 보통 '내 몸과 마음'이라고 하지만 몸이란 지수화풍이 어울려 잠시 어떤 형태를 이루고 있을 뿐입니다. 몸을 샅샅이 분석하고 흩어 놓으면 내 것이라고 할 어떤 실체도 존재하지 않습니다.

내 마음이란 것도 어떤 인연이 주어지면 그 인연을 좇아 집착하고 있는 것이지, 시간이 흘러 그 인연이 흩어지면 없어지는 것입니다. 그러므로 내 몸과 마음의 실상은 아무것도 존재하지 않는 허깨비와 마찬가지입니다. 결국 공空이라는 것이지요.

반야심경에서 말하는 '오온개공五蘊皆空'도 이와 같은 말입니다. 오온은 색色·수受·상想·행行·식識 다섯 가지를 말하는데, 색은 '몸'을 뜻하고 수·상·행·식은 '마음의 작용'을 뜻합니다. 세상의 경계를 받아들이고[受] 그 모습을 마음에 떠올려[想] 자기 생각을 집어넣는 과정[行]을 통하여 대상경계를 판단하는 '중생의 알음알이[識]'를 말하는 것입니다.

그러나 내 몸과 마음이 존재하지 않는데 어떻게 좋고 나쁨을 분별하는 주관으로서의 '나'가 존재할 수 있을 것이며, '나'가 없는데 내가 집착할 수 있는 경계가 그 어디에 있겠습니까.

따라서 '보는 주체[能]'로서의 주관과 '집착하는 대상경계[境]'로서의 객관은 존재하지 않습니다. 주관과 객관[兩段]의 실체를 알려고 해도 그 바탕은 원래부터 존재하지 않습니다. 어떤 실체가 없이 텅 비어 있다는 뜻이지요.

그래서 '욕지양단欲知兩段' 이쪽저쪽 양쪽 경계 알려고 하나 '원시일공元是一空'이라, 원래부터 이 모두는 하나의 '공성空性'입니다.

여기서 말하는 '양단兩段'은 앞의 게송에서 나오는 양변兩邊, 양처兩處, 이견二見과 같은 말입니다. 이쪽저쪽 어느 한쪽에 집착하여 마음에서 일어나는 미움과 사랑, 순종과 역행, 취함과 버림, 능能과 소所, 주관과 객관 같은 것이지요.

온갖 괴로움을 가져다주는 이런 집착이 공인 줄 알았으므로 '나' 잘났다고 앞세우는 모든 생각이 사라져 드러난 텅 빈 마음이 바로 부처님 마음입니다. 이 마음으로 온갖 경계를 맞이하여 옳다 그르다 분별하지 않고, 주어진 인연 자체를 그대로 받아들여 순간순간 최선을 다해 살아가는 것이 수행자의 삶이 아닐까요.

15. 곱다거나 추하다는 분별없는데

一空同兩 일 공 동 량	공성이란 자리에선 똑같은 모습
齊含萬象 제 함 만 상	거기에서 온갖 것을 다 싸안기에
不見精麤 불 견 정 추	곱다거나 추하다는 분별없는데
寧有偏黨 영 유 편 당	어찌하여 치우치는 마음 있을까.

이 세상 모든 존재는 온갖 인연이 모여 만들어진 것입니다. 내 몸과 마음도 여러 인연이 모여 잠시 어떤 모습과 고정관념으로 이루어져 있을 뿐, 그 실체는 존재하지 않습니다. 이것을 모르고 몸과 마음에 집착하여 그 결과로 드러나는 갖가지 괴로움 속에서 살아가는 모습이 중생의 살림살이입니다.

중생의 집착과 '나' 잘났다고 앞세우는 모든 생각이 사라진 자리에서 드러난 텅 빈 마음이 바로 부처님 마음입니다. 이 마음은 온갖 법을 마주하여도 옳다 그르다 분별하지 않고 주어진 인연 자체를 그대로 받아들입니다.

이런 마음을 부처님께서는 밝은 거울 같다고 비유하셨습니다. 먼지 하나 없는 밝은 거울 속은 텅 비어 아무것도 없습니다. 하지만 투명한 빛이 있어 온갖 것을 비추어 볼 수 있습니다. 이 세상 모든 삼라만상을 남김없이 비추어 볼 수 있는 것입니다. 밝은 거울처럼 중생의 시비분별심이 사라진 마음은 한결같이 텅 빈 충만이니 여기서 지혜의 빛이 드러나 온갖 인연을 빠짐없이 비추어 볼 수 있습니다. 다시 말하면 이 자리에 드러나는 온갖 인연을 알고 품고 있으므로 그 인연들과 하나가 되는 것입니다.

부처님의 참마음을 잊고 '나'라는 생각을 일으켜 세상을 둘로 나누어 이분법적인 사고로 보는 것이 '양兩'입니다. 이 둘이 다시 넷으로 여덟으로 벌어지면서 온갖 인연이 모여 갖가지 분별로 드러나는 모습이 삼라만상입니다.

하나가 둘로 되고 둘이 넷이 되며 온갖 모습으로[萬象]으로 벌어지지만, 그 시작을 보면 결국 '하나의 공성이란 자리에서 다 똑같은 모습[一空同兩]'인 것입니다.

밝은 거울 속에 온갖 모습이 드러나듯, 중생의 집착이 사라진 부처님의 큰마음은 가지런히 삼라만상 온갖 것을 다 싸안고 있으므로[齊含萬象] 곱다거나 추하다는 생각으로 대상경계를 보지 않습니다[不見精醜]. 집착하여 분별하는 마음 자체가 없는데, 여기서 어찌 한쪽으로 치우치는 마음이 있겠습니까[寧有偏黨].

16. 쉬울 것도 힘들 것도 없는 것인데

大道體寬 대 도 체 관	크나큰 도 그 바탕은 넓고 관대해
無易無難 무 이 무 난	쉬울 것도 힘들 것도 없는 것인데
小見狐疑 소 견 호 의	짧은 소견 여우처럼 의심하면서
轉急轉遲 전 급 전 지	이 공부를 서둘수록 더 늦어지리.

중생의 집착이 사라진 부처님 마음을 우리는 '도道'라고 말합니다. 이 도道가 이 세상의 온갖 인연 삼라만상을 빠짐없이 싸안을 수 있으므로 그 크기가 허공보다 크다고 하여, 부처님 마음자리를 '대도大道'라고 표현하기도 합니다. 그러니 크나큰 대도의 바탕은 한없이 넓고 관대할 수밖에 없습니다[大道體寬].

나에 대한 집착이 사라지면 이 대도의 바탕에 내가 녹아 들어가므로 '나' 자체가 '도'가 됩니다. 여기서 어떻게 도를 닦는 것이 쉽다거나 어렵다는 마음을 낼 수 있겠습니까. 그러므로 도를 체득하는 일은 '무이무난無易無難', 즉 쉬울 것도 어려울 것도 없습니다. 하지만 중생들은 늘 자기 생각 속에서 놀며 자신의 깜냥으로 이 세상을 제멋대로 잣대질하며 부처님 말씀을 잘 듣지 않습니다. 여우가 자기 집으로 돌아갈 때 누가 쫓아오지 않나 의심하며 가다 돌아보고 가다 돌아보듯, 중생들도 짧은 소견으로[小見] 여우처럼[狐疑] 의심하며 부처님 말씀을 요리조리 자기 좋을 대로 해석하고 받아들이는 것입니다.

도道로 들어가는 지름길은 온갖 의심을 놓아버리고 부처님 말씀을 그대로 따르는 것입니다. 의심하면 할수록 자기 생각에 사로잡혀 자기 한계를 벗어나지 못하기 때문입니다.

의심의 굴레는 시야를 가려 캄캄한 동굴에 갇힌 듯 밝은 세상을 보지 못하게 합니다. 내 생각만 내려놓으면, 내 의심만 내려놓으면 그 자리가 대도이며 온 세상이 극락정토입니다.

이 말을 믿지 못하고 이리저리 의심하며 다른 수행을 찾아다니면서 이 공부를 서두르면 서두를수록[轉急] 오히려 참다운 도와는 멀어져 이 공부의 성취가 더욱더 늦어질 것입니다[轉遲].

자기 마음 그 자체가 부처님 세상
잃을 것도 찾을 것도 없는 것인데
이 사실을 믿지 못해 의심할수록
극락정토 대도와는 멀어지는 것.

집착 버려 텅 빈 충만 행복해지니
그 자리가 꽃의 장엄 화엄의 법계
내 발 아래 시방세계 펼쳐지므로
걸림 없는 극락왕생 나의 삶이여!

17. 집착하면 바른 법도 잃게 되어서

執之失度 집착하면 바른 법도 잃게 되어서
집 지 실 도

必入邪路 그 결과는 삿된 길로 들어가지만
필 입 사 로

放之自然 집착 없이 자연스레 놓아둔다면
방 지 자 연

體無去住 그 바탕에 오고 감이 전혀 없으리.
체 무 거 주

신심명 첫머리에서 말하듯이 부처님 삶을 깨닫는 것은 어렵지 않습니다. 단순히 사랑하고 미워하는 마음만 버리면 됩니다. 옳고 그름을 간택하여 분별하는 마음이 사라지면 그 자리에서 순수한 우리의 참마음이 드러나기 때문입니다.

세상을 살다보면 자기 마음대로 안 될 때가 더 많은데도 그때마다 사람들은 성을 냅니다. 그 성내는 마음을 들여다보면 언제나 '나'라는 생각이 자리 잡고 있습니다. 마음속에 '나'를 내세워서 '나는 무엇을 좋아하고 싫어하는 사람이다'라고 내 위주로 생각의 틀을 짜서 그 틀에 맞는 것은 좋아하고 그 틀에서 벗어나는 것은 싫어합니다. 그러다 이 틀이 깨지기라도 하면 불같이 성을 냅니다. 성을 냄으로써 오장육부를 바짝 태워 자신의 육신을 파괴하고 주변의 평화를 깨뜨려 삶을 엉망으로 만들어 버립니다.

옳고 그름을 따지는 마음속에는 늘 '나'라고 하는 놈이 들어 있습니다. 이 '나'라고 하는 놈은 그 실체가 없는 것인데도, 우리 중생들은 오랜 세월 허깨비와 같은 그놈을 붙들고 살아 왔기에 이놈을 마음속에서 내려놓기가 어렵습니다. 그러다보니 그림자 같은 그것이 우리에게 주인 노릇을 하고 있는 것입니다.

'고정불변의 나'가 있다는 생각에는 '실체가 없는 나'를 존재한다고 잘못 알아 집착하는 어리석음이 숨어 있습니다. 이 어리석음으로 자기만을 아끼고 내세우는 욕심을 갖게 되고 잘났다는 마음이 생겨납니다. 그러다가 뜻대로 되지 않으면 화를 내며 자신도 해치고 남도 해치게 되는 것입니다. 그러므로 '나'가 있다는 생각 속에서 현실 생활에 집착하면 인생을 살아가는 바른 법도를 잃게 됩니다[執之失度]. 그 결과는 당연히 삿된 길로 들어갈 수밖에 없습니다[必入邪路].

반대로 자연스레 집착 없이 마음을 쓴다면[放之自然] 그 마음 자리에는 맑고 깨끗한 참마음이 드러납니다. 이 마음에서 항상 순수한 활력이 넘쳐흘러 오고 가는 인연을 걸림 없이 맞이하고 보내지만, 그 바탕은 언제나 오고 감이 전혀 없습니다[體無去住]. 대도의 바탕에는 온갖 인연에 끌려 다니지 않고 늘 그 자리에서 지켜보는 부동의 힘이 있기 때문입니다.

18. 생각 많아 참된 도에 어긋난다면

任性合道 참 성품에 맡겨 도와 하나가 되면
임 성 합 도

逍遙絶惱 번뇌 없어 유유자적 노닐고 사나
소 요 절 뇌

繫念乖眞 생각 많아 참된 도에 어긋난다면
계 념 괴 진

昏沈不好 정신세계 어두워져 좋지 않으리.
혼 침 불 호

예로부터 큰절에 모여 사는 스님들의 모습을 가만히 살펴보면 그 성향과 역량이 참으로 다양하였습니다. 어떤 스님은 좌선을, 어떤 스님은 경전 읽기를 좋아하고 또 어떤 스님은 염불이나 음식 만들기를 즐겨하였습니다.

그러므로 옛날 큰절에서는 수행자들에게 그들의 역량에 맞추어 소임을 맡겼고, 한 분 한 분이 자기의 직분을 다해가면서 함께 살아가니, 그 안에서 진실로 다 함께 행복한 삶을 누릴 수 있었습니다.

법력이 높아 법을 펴실만한 분을 방장으로 모셨고, 공부와 복덕이 많아 많은 대중을 품고 잘 시봉할 수 있는 분에게는 주지를 맡겼으며, 안살림을 잘 보살피는 분에게는 원주의 소임을 맡겼습니다.

그분들이 법력과 성향에 따라 맡은 역할을 충실히 해주었을 때, 절 전체 살림이 원만하게 돌아가면서 그 혜택이 모든 수행자에게 돌아갔던 것입니다.

지금 이 세상에서 사람들이 불행한 것은 자신의 성향과 기질보다는 세간의 잣대로 평가되는 직업을 선택하고 살아가기 때문입니다.

사람들이 진정 자신이 잘할 수 있고 좋아하는 일을 하며 산다면 그 일에서 느끼는 성취감과 자신감이 남다를 것입니다. 이것이야말로 참으로 자신의 행복을 추구하는 길이 아닐까 싶습니다.

승찬 스님께서도 말씀하십니다.

"자신의 참 성품에 온전히 자신을 맡겨 열심히 살아가다 보면

[任性] 저절로 부처님 도와 하나가 된다[合道]. 자신의 일에 집중하여 최선을 다하고 산다는 것은 행복한 삶의 영역에서 한가롭게 사는 것이니[逍遙] 잡념이 안 생기고 번거로운 생각이 다 끊어지므로[絶惱] 맑은 기운의 세상에서 유유자적 노닐게 된다."

자신의 참 성품에 맞지 않는 삶을 살아, 그 번뇌로 생각이 많아진다면[繫念] 참된 삶 참된 도와는 어긋나니[乖眞] 행복한 삶과는 멀어질 것입니다. 흐릿해진 정신으로 무력하게 살아가는 삶은[昏沈] 좋지 않으니[不好] 불행할 수밖에 없습니다.

현재 나에게 주어진 일에 좋다 싫다는 망념 없이 온전히 그 흐름에 맡겨 최선을 다해 살아간다면, 이것이 진정 행복한 삶일 것입니다.

> 내 분수를 내가 알면 욕심이 없어
> 주어진 삶 그 안에서 딴 생각 없이
> 들숨 날숨 호흡하는 그 순간에도
> 온전한 삶 행복 속에 몰입하리라.

19. 애를 쓰는 그 마음을 좋아 않는데

不好勞神 애를 쓰는 그 마음을 좋아 않는데
불 호 노 신

何用疎親 가까이나 멀리하는 생각을 낼까
하 용 소 친

欲趣一乘 부처님의 마음으로 나아가려면
욕 취 일 승

勿惡六塵 눈앞에 둔 육진 경계 싫다 말아라.
물 오 육 진

부처님 제자 가운데 '소오나'라는 비구가 있었습니다. 그는 밤에도 잠을 자지 않고 언제나 열심히 공부를 하였지만 공부에 진전이 없고 깨치지를 못하자 자신의 처지를 비관하게 되었습니다. 어느 날 부처님께서는 그의 마음을 알고 불러 물으셨습니다.

"네가 출가하기 전에 거문고를 타 본 일이 있느냐?"
"예, 타 본 적이 있습니다."

"거문고 줄을 너무 조이면 어떤 소리가 나더냐?"

"날카롭게 끊어지는 소리가 납니다."

"너무 느슨하게 해 놓으면 어떤 소리가 나더냐?"
"소리가 아예 나지를 않습니다."

"어떻게 해야 소리가 잘 날 수 있겠느냐?"
"줄을 너무 느슨하거나 팽팽하지 않게 해 놓아야 소리가 제대로 납니다."

"그렇다. 공부도 그와 같다. 공부를 너무 서두르면 들떠서 병이 나기 쉽고 너무 늦추면 게을러져서 공부에 진전이 없다. 그러니 공부에 너무 집착해서도 안 되고 너무 게을러서도 안 된다. 평소에 꾸준히 정진해야만 한다."

소오나는 부처님의 이런 가르침을 듣고, 그날부터 거문고의 줄을 고르듯이 공부를 꾸준히 하여 마침내 깨달음을 얻었다고 합니다.

소오나 비구처럼 수행을 잘하려고 전력을 다하는 마음도 좋아 할 것이 아닌데 중생들은 허망하게 시비분별 하느라 늘 애를 씁니다.

현실에 만족하지 않고 자기한테 좋은 쪽인지 나쁜 쪽인지를 따지고 드는 것이지요. 이런 중생의 마음은 반드시 상대방과 갈등을 일으키게 되고, 내 마음대로 되지 않을 때 이 갈등은 내적 마찰을 일으키며 마음속 깊은 곳에서는 세상을 향한 분노의 불길이 커져만 갑니다. 그러다 결국 스스로 만든 화마에 몸을 던져 온갖 고통과 재앙을 받게 되는 것입니다.

중생들이 이런 결과를 명확하게 알고 있다면 시비분별 하느라 허망하게 애를 쓰는 그 마음을[勞神] 좋아하지 않을 것입니다[不好]. 이런 마음을 좋아하지 않는데 주어진 삶 속에서 좋고 나쁨을 가려 좋은 것을 가까이 한다거나 싫은 것을 멀리 한다는 생각[疎親]을 어찌 낼 수가 있겠습니까[何用].

그러므로 '행복한 부처님의 세상을 펼쳐내는 부처님 마음[一乘]'으로 나아가려면 눈앞에서 펼쳐지는 '육진六塵' 경계에 집착하여 좋다거나 싫다고 하는 생각을 내지 말아야 합니다[勿惡].

'부처님 마음'으로 풀이한 '일승'은 부처님 세상으로 보아도 됩니다. '일승一乘'에서 '일一'은 '부처님 한마음'을 말하고, '승乘'은 그 한마음에 모든 중생을 태워서 부처님 세상으로 데

려다 준다는 뜻입니다.

말이 많고 생각이 많을수록 분별심도 많아지므로, 분별심이 다 떨어진 일승一乘, 그 자리의 부처님 마음과는 시나브로 멀어집니다. 좋은 말도 많이 하면 많이 할수록 말의 가치가 떨어지고, 생각이란 것도 많이 하면 많이 할수록 자기 한계를 벗어나질 못합니다.

사실 자기중심적인 생각은 스스로를 한없이 편협하고 작게 만들 뿐입니다. 자기 뜻대로 하려는 생각을 내려놓고 인연의 흐름에 자신을 맡겨 순간순간 최선을 다하는 삶, 이것이 걸림 없는 부처님의 삶입니다.

20. 지혜로운 사람들은 할 일 없지만

六塵不惡　눈앞에 둔 육진경계 싫어 안 하면
육 진 불 오

還同正覺　그 자리가 바른 깨침 정각이 되니
환 동 정 각

智者無爲　지혜로운 사람들은 할 일 없지만
지 자 무 위

愚人自縛　우매한 자 스스로를 속박하누나.
우 인 자 박

'육진六塵'은 색성향미촉법인데, 풀어쓰면 눈으로 보는 모습
[色], 귀로 듣는 소리[聲], 코로 맡는 향기[香], 혀로 느끼는 맛
[味], 몸에 접촉하는 느낌[觸], 자기 생각으로 하나하나 분별하
는 것[法]을 말합니다. 쉽게 말하자면 우리 눈앞에서 펼쳐지
는 세상의 모든 경계를 말합니다.

중생들은 늘 이 육진 경계에 집착하여 좋다거나 싫다고 하는
시비분별을 하고 살아갑니다. 그러나 부처님께서는 이 육진
경계가 잠시 인연이 모여 생겨난 것들이라[緣起法] 곧 사라질
것이므로[空性] 실체가 없는 허망한 경계에 집착하지 말라고

합니다. 눈앞에서 펼쳐지는 육진 경계에 집착하지 않으면 좋아하거나 싫어하는 마음을 내지 않으니[不惡], 그 마음 자체가 행복한 삶으로서 올바른 깨달음이 되기 때문입니다[還同正覺].

지혜로운 사람은[智者] 부처님의 가르침 속에서 이 도리를 바로 알고 체득하였으므로 따로 할 일이 없습니다[無爲]. 이 도리를 알기에 꿈, 허깨비, 그림자, 물거품과 같은 실체 없는 육진 경계에 집착하지도 않고, 금세 흩어지고 사라질 것이니 일부러 멀리 할 것도 없으므로 따로 할 일이 없는 것입니다. 그러므로 『증도가』 첫 대목에서 이 지혜로운 사람을 '더 배울 일 없이 사는 한가한 도인[絶學無爲閑道人]'이라고 말한 것입니다.

한편 우매한 자로서 미련하고 어리석은 사람들은 실체가 없는 자신의 몸과 마음에 집착하여 옳고 그름, 좋고 나쁨을 치열하게 가르면서 부처님 세상과 떨어져 스스로를 얽어매며 자신을 괴롭히고 삽니다.

그러나 내 몸과 마음, 내 젊음이 사라져도 그것이 본디 무상한 줄 알고 있다면 절망하지 않고 있는 그대로 받아들일 수 있습니다. 집착할 법이 존재하지 않으므로 집착을 일으킬 마음도 없는 것이지요.

시비분별하는 마음만 내려놓으면 그 자리가 바로 부처님 세상입니다. 중생의 마음이 사라진 자리가 극락정토인데 여기에 어떤 허물이 있을 수 있겠습니까. 부처님 마음자리가 멀고 먼 것 같아도 마음 닦는 공부는 헛된 것이 없습니다. 설사 금생에 알지 못하더라도 반야의 씨앗을 깊이 심는 것이므로 목숨을 마칠 때 두려워 할 것이 없습니다.

'덧없이 죽음을 부르는 세월이라는 귀신[無常殺鬼]'이 늘 우리를 쫓고 있습니다. 한시라도 젊고 기운이 있을 때 집착을 내려놓는 수행을 시작하십시오. 단언컨대 이보다 더 금생에 중요한 일은 없을 것입니다.

21. 정법에는 다른 것이 없는 것인데

法無異法 정법에는 다른 것이 없는 것인데
법 무 이 법

妄自愛着 허망하게 스스로가 애착을 가져
망 자 애 착

將心用心 집착하는 마음으로 마음을 쓰니
장 심 용 심

豈非大錯 어찌하여 큰 잘못이 아니겠는가.
기 비 대 착

'정법'이란 부처님의 올바른 지혜를 말합니다. '부처님의 올바른 지혜'란 부처님 마음이 드러나는 자리입니다. 올바른 참선, 올바른 염불, 올바른 주력이 모두 정법이 될 수 있습니다.

시비분별이 떨어진 순수한 마음자리에서 참선할 때 올바른 참선이 되고, 다른 생각이 없이 오직 부처님 마음자리에서 염불을 할 때 올바른 염불이 되며, 시비분별이 떨어진 자리에서 집중하여 흐트러진 마음이 없이 주력을 할 때 올바른 주력이 됩니다. 곧 정법이란 바깥으로 드러나는 모습이 아니라 부처님 마음이 드러나느냐 아니냐가 기준이 되는 것입니다.

십여 년 전, 오랜 세월 화두 하나만 들고 살아가는 올곧은 수좌를 만난 적이 있습니다. 봉암사 근처 대승사 선방 인근에서 집중수행을 위하여 토굴을 짓고 사는 분이었습니다.

그 스님이 저를 만나자마자 물었습니다.

"스님, 제가 참선만 열심히 했는데도 공부가 잘 안 되기에 전생에 업장이 많아서 그렇다는 생각이 들었습니다. 그 업장을 녹여 참선을 잘해 보려고 백팔참회 절을 하면서 목탁도 치며 능엄주 주력을 하고 있는 중입니다.

그런데 선방에서 같이 정진하던 도반들이 찾아와 이런 저의 모습을 보더니 염불하고 주력하며 목탁도 치는 스님이라고 쑥덕거립니다. 저와 친하던 도반들까지 저를 외도처럼 생각하고 외면하는 것 같아 매우 언짢습니다. 백련암 큰스님께 배운 대로 공부하고 실천하는데, 제가 잘못 수행하고 있는 것입니까?"

저는 대답했습니다.

"아닙니다, 스님. 절대로 그렇지 않습니다. 제대로 공부하고 있는 겁니다. 절과 주력의 의미를 그분들이 부처님의 가르침대로 잘 알고 있다면 절대로 그렇게 이야기하지 않았을 것입니다. 참회하는 절과 주력이 참선이 되고, 참선이 절과 주력이 되는 한마음의 도리를 모른다면 마음이 꽉 막혀 있는 것이니 그 사람들 공부에 문제가 있는 것이 아니겠습니까."

부처님의 모든 공덕이 담겨 있는 주문을 정성껏 외움으로써 생기는 힘을 '주력呪力'이라고 합니다. 금생에 지은 업은 다스리기 쉬워 자기 힘으로 없앨 수 있지만 전생에 지은 업은 없애고 싶어도 눈에 보이지 않고 그 뿌리가 깊으므로 마음대로 할 수 없습니다. 그 영향으로 올바르게 살고 싶어도 온갖 삿된 일이 일어나며 덕을 쌓아도 박복한 일만 생기게 됩니다. 이 때문에 주력의 힘을 빌려야만 합니다.

『능엄경』에서도 "마등녀는 전생에는 오랫동안 음녀였지만 '능엄신주' 도움으로 애욕을 벗어나 깨달음을 얻을 수 있었다"라고 말하였습니다. 이처럼 주력을 통하여 우리는 많은 장애를 제거하여 성불할 수 있고 뜻하고 원하는 바를 성취할 수 있습니다.

우리가 절을 하고 주력을 할 때 제일 중요한 덕목은 평상시의 쓸데없는 모든 생각을 내려놓고, 한마음 한뜻으로 참회하는 절이나 업장을 녹여주는 주력과 하나가 되는 일입니다.

백팔참회로 하는 절이든 업장을 녹이는 주력이든 그 세계와 하나가 된다면 다른 생각이 일어나지 않을 것이요, 다른 생각이 일어나지 않아 그 마음이 지극히 맑고 깨끗해지면 주객의 경계가 사라질 것입니다.

주객이 사라졌다는 말은 시비하는 나와 그 대상이 사라지는 것이므로 시비 자체가 존재하지 않아 온갖 번뇌에서 벗어난다는 것입니다. 내가 사라져 집착할 법이 존재하지 않고, 옳고 그름을 따지는 마음이 없으니 정법이다 아니다 시비할 일이 없는 것입니다.

절을 통해서 한없이 나를 낮추어 나 잘났다는 마음이 사라진 자리, 주력을 통하여 주문과 하나가 된 마음에 망념이 사라진 자리, 이 마음자리는 화두를 참구하여 깨달은 빛나는 마음자리와 똑같은 것입니다.

이것이 정법이요[法], 다른 법이 없는 것인데[無異法] 허망하게도[妄] 우리들은 '나'라는 생각을 중심으로 일어나는 모습에 스스로[自] 좋아하고 집착하는 마음을 냅니다[愛着]. 이런 집착하는 마음을 가지고[將心] 내 법만이 정법이라고 주장하면서[用心] 자신과 다른 신행생활을 하는 분들을 옳지 않다고 몰아붙인다면 이런 마음 씀씀이가 어찌하여 큰 잘못이 아니겠습니까[豈非大錯].

정법이란 시비하는 마음 없는 것
시비하는 마음 없어 집착이 없고
살아가는 내 마음이 한가하므로
온 누리가 감로수로 나를 적시네.

22. 깨달으면 좋고 싫음 구별 없어라

迷生寂亂　어리석어 고요 산란 분별하지만
미 생 적 난

悟無好惡　깨달으면 좋고 싫음 구별 없어라
오 무 호 오

一切二邊　양쪽에서 집착하는 모든 주장은
일 체 이 변

良由斟酌　알고 보면 짐작에서 말미암은 것.
양 유 짐 작

부처님의 정법이란 시비하는 마음이 없는 것입니다. 옳다거나 그르다고 시비하는 마음이 없다는 것은, '나' 잘났다는 마음이 사라진 것이므로 '나'의 욕심을 앞세워 집착할 것이 없다는 뜻입니다.

'나' 잘났다는 마음에 사로잡혀 제 욕심만 채우려 집착하는 이런 어리석은 사람을 보고 우리는 '아상我相'이 많다고 합니다. 아상이 많기에 늘 다른 사람과 비교하고 다투면서 온갖 분쟁을 일으키고 살아가는데 이런 모습은 나와 남이 다르다는 '인상人相'에서 비롯된 것입니다.

이 아상과 인상이 모여 끊임없이 시비다툼이 일어나는 세상의 모습이 '중생상衆生相'입니다. 나의 모습에 집착하여 살아가는 '나'의 이런 삶이 영원할 것이라고 착각하고, 다른 사람에 대한 고정관념을 가지고 그 사람의 삶이 지금의 그 모습으로 영원히 변하지 않을 것이라고 착각하며, 이런 혼동 속에서 살아가는 세상이 늘 그런 모습으로 끊임없이 지속될 것이라고 착각하는 것이 '수자상壽者相'입니다.

이 아상 인상 중생상 수자상은 많은 경전에서 언급되는데 특히 금강경에 많이 나오는 개념입니다. 절에서 금강경을 들어보고 읽어보지 않은 사람들이 없을 것이니 우리 귀에 많이 익어 있는 표현입니다.

금강경에서 부처님은 이런 네 가지 모습에 집착하고 사는 사람은 참된 보살이 아니며 부처님의 진정한 제자가 아니라고 말씀하셨습니다. 어리석은 사람이라고 말씀하시는 것이지요.

그런데 이 네 가지 개념의 중심축은 아상에 있습니다. 먼저 아상이 있으므로 인상이 있게 되고, 아상과 인상이 모여 중생상이 되며, 이들의 모습이 영원히 지속될 것이라고 순간순간 착각하고 사는 것이 수자상이기 때문입니다. 그러므로 아상만 사라지면 인상 중생상 수자상은 저절로 사라집니다.

이 때문에 절집 공부는 참으로 쉽습니다. 바로 아상만 버리면 됩니다. 나 잘났다는 마음만 없으면 보살이 되어 진정한 수행 자로서 부처님의 참된 제자가 되기 때문입니다. 다시 말해 지금 당장 자기의 생각을 비워내고 자기의 욕심만 내려놓으면 됩니다.

번잡한 생각이 없는 맑고 깨끗한 마음에서 대상경계를 있는 그대로 보고 즉각적으로 그 실상을 알아차릴 뿐, 알아차리기 이전에 어떤 고정관념을 갖고 대상경계가 무척 고요하다거나 어지럽고 흐트러졌다거나 판단하지를 않습니다. 직관으로 아는 것이지 내 멋대로 저장한 잘못된 정보로 판단하는 것이 아닙니다.

반대로 아상, 곧 '나' 잘났다는 마음이 있으면 그 마음 자체가 어리석음입니다. '나'라는 모습에 집착하는 아상을 유식에서는 네 가지 번뇌가 항상 잠재되어 따라다닌다고 하였습니다.

그 번뇌는
'나'를 낱낱이 분석하면 어떤 실체가 없는데도 '나'가 있다고

집착하는 어리석음[我癡],

이 어리석음으로 '나'를 집착하여 좋아하는 마음[我愛],

'나'를 좋아하는 마음을 중심으로 자신만 생각하고 남을 배려하지 않는 이기적인 견해[我見],

그 견해로 남을 내려다보며 자신이 우월하다고 착각하는 마음[我慢]을 말합니다.

이런 마음을 늘 지니고 살게 되므로 온갖 경계에 미혹되어[迷] 어리석어지고, 이 어리석음 때문에 대상경계를 자기중심적으로 보고는 고요하다거나[寂] 어지럽고 산란하다고[亂] 분별하는 것입니다[生].

이 분별이 시비를 낳고 시비가 갈등을 일으켜 그 갈등이 번뇌가 되어 고통을 일으키는 삶이 중생들이 살아가는 모습입니다. 그러므로 우리는 이 이치를 터득하여 아상을 버려야 합니다.

아상을 버리는 곳이 깨달음이 드러나는 자리요, 깨달으면[悟] 어떤 대상경계를 좋다거나 싫다고[好惡] 자기중심적으로 구별하는 일이 사라지기[無] 때문입니다.

모든 경계[一切]에서 어리석은 마음으로 이리저리 시비하고 분별하여, 편을 나누어서 이야기하는 양쪽[二邊] 모두의 주장은 진실로[良] 알고 보면 자신의 짐작[斟酌]에서 말미암은 것[由]입니다.

따라서 이들은 모두 잘못된 생각이므로 반드시 뒷날 커다란 번뇌덩어리가 되어 자신도 상처를 받고 다른 사람에게도 상처를 주게 됩니다. 자신이 알고 있는 정보가 과학적 경험적으로 근거가 있다고 믿습니다만, 이것들도 결국 시간과 공간의 한계 속에서 적용되는 '한정된 알음알이'에 불과하기 때문입니다.

따라서 우리는 차분히 부처님의 가르침을 배우고 선지식의 법문을 들으면서 끊임없이 자기 생각을 내려놓는 연습을 해야 합니다. 잘못된 생각에 얽히지 않도록 순수하게 나를 길들여 가는 것, 이것이 바로 수행의 요체입니다.

> 부처님의 수행법은 쉬운 것이니
> 시비하는 내 마음만 내려놓으면
> 온 누리가 부처님의 세상이 되어
> 온갖 복덕 제 스스로 찾아오리라.

23. 꿈속 세상 허깨비와 허공의 꽃들

夢幻空華   꿈속 세상 허깨비와 허공의 꽃들
몽 환 공 화

何勞把捉   어찌하여 애를 써서 잡으려 할까
하 로 파 착

得失是非   이득 손실 따지려는 온갖 시비를
득 실 시 비

一時放却   한꺼번에 마음에서 놓아버려라.
일 시 방 각

지나온 세월을 돌이켜보면 무엇이 남아 있습니까. 세상 사람들이 말하는 '좋다'라고 하는 것, 세상 사람들의 눈에 보이는 화려한 모습들도 죽음 앞에서는 그저 허망할 뿐입니다. 온갖 시비를 놓아 버릴 때 비로소 그 허망한 꿈에서 깨어날 것입니다.

꿈속에서 보던 눈앞의 모든 것이 꿈에서 깨자마자 사라지듯, 없는 것이 있는 것처럼 보이는 '허깨비'라는 것도 허깨비인 줄 알면 바로 그 자리에서 사라지는 법입니다. 길을 가다 금덩어리라 생각하고 집어 들었는데 돌덩어리인 줄 알면 쓸모없다고 바로 버리는 것처럼, 실체가 있는 것 같았는데 그것이 잡으려고 해도 잡히지 않는 허깨비인 줄 알면 애를 써서 잡으려는 생각을 하지 않겠지요.

'허공의 꽃'은 허공에서 피는 꽃을 말합니다. 허공에서 꽃이 피어나겠습니까. 그럴 리가 없겠지요. 허공의 꽃은 허깨비처럼 중생이 잘못 본 망상일 뿐 실제로 존재하는 것이 아닙니다.

눈이 노화되거나 병이 났을 때 허공에 뭔가 까만 것이 고물고물 움직이며 꽃처럼 보이기도 하여 눈앞에 허공 꽃이 있다고 생각할 수도 있습니다. 그런데 허공의 꽃은 정상적인 사람들이 보았을 때는 존재하지 않는 것입니다.

이 몸과 마음도 낱낱이 분석해 보면 실체가 없는 것인데도, 내 몸 내 마음이라고 하여 집착하며 허우적대는 우리 중생의 삶도 알고 보면 허공의 꽃과 같습니다.

땅의 기운과 물의 기운 및 불과 바람의 인연이 모여 생겨난 것이 우리 육신이고, 이 육신이 영원할 것이라고 착각하여 집착하며 살고 있는 것이 중생입니다. 육신이 만들어진 인연이 흩어지면 육신으로 드러난 모습도 허망하게 사라질 것이요, 허망한 것에 집착하는 중생의 마음도 함께 사라집니다. 그럼

에도 불구하고 자꾸 허깨비와 같은 몸과 마음을 영원히 존재할 것이라고 착각하고 내 몸, 내 마음이라고 집착하며 살아가는 것입니다.

중생들이 헛된 것에 집착하며 살아가는 이 세상의 살림살이는 꿈속 세상이요, 허깨비나 허공의 꽃과 같습니다[夢幻空華]. 그런데 어찌 애를 써서 이것을 잡아야 할 이유가 있겠습니까[何勞把捉].

그러므로 이 세상을 살아가면서 이득과 손실을 따져 옳고 그름을 가리려고 하는 온갖 시비를[得失是非] 한꺼번에 우리 마음에서 주저 없이 놓아버려야 합니다[一時放却].

세상에 존재하는 모든 것은 꿈과 같고 허깨비 같아 실체가 없으므로 집착할 것이 없건만 중생은 세상 모든 것을 자신이 얻는 것과 잃는 것, 옳고 그름의 득실시비를 가려 따지고 삽니다.

사회적 관계를 맺을 때도 언제나 손익계산을 하고 살지요. 그런데 돌이켜 보면 득실시비를 아무리 따져도 그 결과로 행복해지지를 않습니다.

시비를 따지고 들면 들수록 마음은 번잡해지고 사람들과의 관계가 복잡해지며 불필요한 힘만 드는 것이지요. 헛된 것에 집착하는 자기 생각, 그 좁은 틀 안에 갇혀 살아봐야 번뇌만 끝이 없고 괴로울 뿐 평생 바람 잘 날이 없는 것입니다.

죽음 앞에 아무 쓸모도 없으면서 늘 사람을 허덕이게 만드는 것이 돈과 명예와 이익을 찾는 것입니다. 지금 바로 눈을 감는다면 무엇이 여러분을 편안하게 해줄 수 있겠습니까.

이 몸도 언젠가 흩어져 사라질 허깨비와 같은 것입니다. 오로지 이 한 몸 아끼려고 돈과 명예와 이익만 따라다니는 중생의 삶을 부처님 앞에 내려놓고 보살의 삶을 살아야 합니다. 그래야 행복한 세상이 여러분 눈앞에 펼쳐질 것입니다.

이 몸이 정말 실체가 없어 무상한 줄 안다면 그때부터 진정 여러분의 삶이 바뀔 것입니다.

> 명예 이익 찾아다닌 지난날의 삶
> 돌아보니 실체 없는 신기루였네
> 시비 없는 텅 빈 마음 밝고 맑은 빛
> 하루하루 좋은 날들 행복한 세상.

24. 모든 꿈이 제 스스로 없어지듯이

眼若不睡　눈을 뜬 채 자지 않고 깨어 있으면
안 약 불 수

諸夢自除　모든 꿈이 제 스스로 없어지듯이
제 몽 자 제

心若不異　쓰는 마음 그 바탕이 변치 않으면
심 약 불 이

萬法一如　온갖 법도 하나로서 여여 하리라.
만 법 일 여

참마음의 눈을 뜨면 눈앞에 맑고 깨끗한 부처님 세상이 펼쳐집니다. 집착덩어리인 '나'가 사라져 주체와 객체가 없어진 '텅 빈 마음'에서 그 세상이 펼쳐지는 것입니다. 이것이 바로 부처님의 진여법계입니다.

눈을 뜬 채 자지 않고 깨어 있으면[眼若不睡] 이 사람은 꿈을 꿀 일이 없습니다. 잠을 자면서 꿈을 꾸고 있다가도 잠이 깨면 꾸던 꿈 모든 것이 제 스스로 없어집니다[諸夢自除].

참마음의 눈을 뜨면 집착덩어리인 '나'가 사라져 주체와 객체가 없어진 '텅 빈 마음'이 드러납니다. 이 마음은 텅 비어 있기에 어떠한 모습도 없고, 보이는 경계에 집착할 어떤 망념도 없습니다. 이 마음의 바탕은 맑고 밝아 그 자체에서 끝도 없이 환한 빛이 흘러나옵니다. 텅 빈 마음 그 자체는 달라질 것이 없는데도, 저절로 거기서 흘러나오는 밝은 빛 속에서 드러나는 온갖 모습을 '만법萬法' 또는 온갖 법이라고 말합니다.

여러 가지 형태로 드러난 온갖 법이 달라 보이지만, 이 마음에서 나오는 빛을 떠나 존재할 수 없습니다. 그러므로 온갖 법이 드러나는 곳에 텅 빈 하나의 모습으로 있는 마음은 늘 여여합니다.

빛의 지혜로 드러나는 온갖 법을 쓰는 마음에서 그 바탕인 텅 빈 마음이 변치 않는다는 것은[心若不異] 모든 법을 만들어낸 그 바탕의 마음자리도 하나로서 늘 여여 하다는 것을 말합니다[萬法一如].

이런저런 분별없어 깨끗한 마음
내 눈앞에 맑고 밝은 즐거운 세상
온갖 법이 빛이 나는 꽃으로 피니
빠짐없이 온 허공에 극락세계라.

25. 진여법계 자연스레 돌아가는 것

一如體玄
일 여 체 현
하나로서 여여 하니 그윽한 바탕

兀爾忘緣
올 이 망 연
의젓하게 일체 반연 모두 잊음에

萬法齊觀
만 법 제 관
온갖 법이 빠짐없이 드러남 보니

歸復自然
귀 복 자 연
진여법계 자연스레 돌아가는 것

泯其所以
민 기 소 이
그리되는 이유조차 사라져 버려

不可方比
불 가 방 비
어디에다 비교하여 견줄 길 없네.

텅 빈 하나의 모습으로서 늘 여여[一如] 하여 그 바탕이[體] 깊고 깊어 그윽하다는[玄] 것은, 온갖 법을 만들어내는 마음자리는 텅 빈 하나의 모습으로 늘 여여 하지만, 그 바탕은 찾아도 찾을 수가 없고 깊고 깊어서 그윽하다는 말입니다.

'올兀'은 우뚝 서 있되 조금도 움직이지 않는 모습을 본 딴 글자로 큰 나무를 베어내고 남은 아래쪽 통나무 굵은 부분을 말합니다. 통나무를 베어낸 밑동부리처럼 '올이兀爾'는 어떤 경계에도 흔들리지 않고 움직이지 않는 마음을 비유한 것입니다.

이 부동의 마음은 어떤 경계에 흔들려 반연을 짓는 일이 없습니다. 그러므로 이 마음은 어떤 경계에서도 집착하여 흔들리는 일이 없이 의젓하게[兀爾] 중생의 살림살이로 온갖 반연 짓는 일을 잊고[忘緣] 사는 것입니다.

온갖 세상살이 번거로움을 잊어 옳고 그름을 따지는 분별심이 사라진 마음은 티끌 없는 거울처럼 맑고 환하기만 합니다. 이 마음은 어떤 차별도 없이 그 마음에 주어지는 '온갖 법[萬法]'이 빠짐없이 가지런히 드러남을 보게 되는 것입니다[齊觀].

이 마음에서 저절로 온갖 법이 드러난 그 세상을 우리는 깨달음이라 하고 부처님 세상이라고도 합니다.

바깥 경계에 집착하는 쓸데없는 반연만 잊어버리면 우리 마음은 중생의 마음에서 참으로 여여 한 부처님 마음인 진여법계眞如法界로 자연스럽게[自然] 복귀합니다[歸復]. 자연스럽게 돌아간 여여 한 마음자리는 중생의 생각이 멈춘 부처님 지혜로 알 수 있는 곳이지 중생의 마음으로는 도저히 알 수가 없습니다.

이 세계는 말로 설명할 수 있는 곳이 아니며, 말로 설명할 수 없다는 것은 어떤 모습으로도 그려낼 수도 없다는 뜻이니, 말로 설명할 수 있는, 그리되는 이유조차 사라져 버립니다[泯其所以].

어떤 모습도 존재하지 않으므로 어떤 모습을 본 따 비교하여 견줄 수 있는 곳도 없습니다[不可方比].

> 언어로도 설명할 수 없는 것이며
> 마음으로 짐작조차 하지 못하여
> 그냥 앉아 내 생각을 멈출 뿐인데
> 성스런 빛 온 누리를 환히 밝히네.

26. 움직임과 멈춤이란 본래 없는 것

止動無動　움직임을 멈춘다면 움직임 없고
지 동 무 동

動止無止　멈춘 것을 움직이면 멈춤 없기에
동 지 무 지

兩旣不成　움직임과 멈춤이란 본래 없는 것
양 기 불 성

一何有爾　대체 뭣이 자기 모습 가질 수 있나.
일 하 유 이

중생들은 늘 자기 생각에 빠져 제 마음대로 의사결정을 하면서 세상을 재단하고 살아갑니다. 제 생각대로 살아가는 세상이 늘 행복하고 편안한 세상이라면 더할 나위 없이 좋은 일이며 거기에 시비할 일이 없겠지요. 하지만 세상은 늘 갈등과 고뇌의 연속이며 점점 더 사는 것이 힘들어지기만 합니다. 그까닭이 무엇일까요?

자기만이 옳다는 생각이 강해서 그렇습니다. 이런 생각이 강하면 강할수록 나만 잘났기에 상대방과의 갈등과 고뇌가 깊어질 수밖에 없습니다. 세상은 비슷한 업을 지닌 사람들이 서로 모여 살아가기 때문입니다.

상대방과 갈등이 일어났을 때 가만히 살펴보면 그 마음은 '내가 옳다'는 생각으로 꽉 차 있습니다. 이 생각에는 '너는 틀렸다'라는 전제가 있으므로 상대방과 부딪힐 수밖에 없습니다. 상대 역시 자신이 옳다고 믿고 있기 때문입니다.

이런 상황에서는 결코 문제가 해결되지 않습니다. 그러므로 이 게송은 결국 갈등과 고뇌를 가져오는 자기 선입견을 버리고 자기만이 옳고 잘났다는 생각을 멈추라고 경책하고 있는 것입니다.

옳다고 믿는 내 생각이 다른 관점으로 보면 틀릴 수도 있습니다. 내 관점이 상대방 입장에서는 불합리하거나 억지 부리는 것으로 보일 수 있기 때문입니다.

자동차 바퀴가 굴러가는데 그 움직임을 멈추면[止動] 그 멈춤 속에서는 바퀴가 굴러가는 움직임이 없습니다[無動]. 자동차 바퀴가 항상 굴러가는 것이 아니며 언젠가는 멈추기 때문이지요.

반대로 멈추어 있던 자동차를 움직이면[動止] 그 움직임 속에서는 자동차 바퀴의 멈춤이 있을 수가 없습니다[無止]. 멈추어 있던 자동차도 운전기사가 시동을 걸면 바퀴가 움직여 앞으로 나가기 때문입니다.

이것은 이렇게 생각해 볼 수도 있습니다. 우리가 움직임을 멈추면 멈춘 그 자리에 움직임이 있습니까, 없습니까? 움직임을 천천히 멈추었을 때 멈추어진 그 자리에는 움직임이 없습니다. 멈춘 그 자리에 움직임이 없지만 그 멈춤이라고 하는 것은 움직임 속에서 나온 것이지요.

반대로 멈추어져 있는 것을 움직여 본다면 움직일 때 움직이는 그 자리에는 멈춤이 있겠습니까, 없겠습니까? 멈춤이 없습니다. 이렇게 말을 하고 있지만 양면성이 있습니다. 멈춤 속에 눈에 보이지 않는 움직임이 들어 있고, 그 움직임 속에 눈에 보이지 않는 멈춤이 들어 있으니, 움직임과 멈춤 어떤 것이 진실한가를 알려면 이 두 가지 양면성을 알아야 합니다. 한 가지 면만 보고 이것은 움직이는 것이라고 집착하여 주장해서도 안 되고, 멈춘 것이라고 집착하여 주장해서도 안 됩니다.

움직임과 멈춤이란 조건이 달라지고 인연이 달라지면 늘 변하는 것이므로 '멈춤이나 움직임[兩] 어느 한 가지 모습'으로 이미 완성되어 있는 것이 아니니 본래 없는 것입니다[旣不成]. 멈춤과 움직임이 본래 없다는 것은, 모든 것이 인연 따라 나타난다는 것이므로 어떤 실체가 없는 텅 빈 성품일 뿐인데, 중생들이 부질없이 집착하여 분별하는 것입니다. 텅 빈 성품일 뿐인데 여기서 대체 무엇 하나가 자기의 모습을 가질 수가 있겠습니까[一何有爾].

텅 빈 성품 그 자리는 말로 설명할 수 있는 곳이 아니며, 말로 설명할 수 없다는 것은 어떤 모습으로도 그려낼 수도 없다는 말이니, 말로 설명할 수 있는 그리되는 이유조차 사라져 버립니다[泯其所以]. 어떤 모습도 존재하지 않으므로 어떤 모습을 본떠서 비교하여 견줄 수 있는 곳도 없습니다[不可方比]. 비교하여 견줄 것이 없는데 비교하여 견줄 게 없는 그 자리에서 무엇을 가져다 "이것이야" 하며 설명할 수 있겠습니까?

오직 하나 이것만이 옳다는 주장
살펴보면 자기 생각 드러내는 것
나란 욕심 들어 있어 갈등 일으켜
그 결과로 온갖 다툼 만들어내네.

옳다 하는 그 생각을 잠시 미루고
틀렸다고 시비하는 마음도 떨쳐
옳고 그름 따지기 전 고요한 마음
맑고 밝은 거울처럼 온갖 것 아네.

27. 차별 없는 마음자리 맞아들이면

究竟窮極 저 끝까지 나아가선 궁극의 자리
구 경 궁 극

不存軌則 본떠야 할 어떤 법칙 있지 않으니
부 존 궤 칙

契心平等 차별 없는 마음자리 맞아들이면
계 심 평 등

所作俱息 지어가는 모든 업을 쉬게 되리라.
소 작 구 식

자기만 옳다고 시비하며 한 발짝도 양보하지 않는 사람들이 많은 세상입니다. 그들의 주장을 가만히 살펴보면 그 논리 속에는 자기 삶에 대한 강한 욕망이 숨어 있음을 알 수 있습니다. 본인만 욕심에 눈이 어두워 진실을 제대로 보지 못할 뿐입니다. 결국 온갖 다툼을 일으키며 자신도 주변 사람들도 불행하게 만들지요.

마음속에 시비다툼이 일어나면 옳다 하는 그 생각도 잠시 미루고 틀렸다고 시비하는 마음도 떨쳐 버려야 합니다. 자신의 이익만 챙기며 옳고 그름을 따지기 전의 마음, 사심이 없는 진짜 마음인 공심公心을 찾아보아야 합니다.

이 마음은 맑고 밝은 거울처럼 온갖 경계를 있는 그대로 지켜보고 알 뿐, 나만 옳다고 이런저런 구차한 이야기를 변명처럼 갖다 대지 않습니다. 옳고 그른 것이 일찌감치 정해져 있는 것이 아니므로 텅 빈 공성 그 자체로 존재할 뿐이니, 빨주노초 파남보로 어떤 색깔론을 제기하지 않습니다. 사사로운 욕심을 하나하나 없애가는 것이 참마음을 찾아가는 것입니다.

욕심은 그 결과물로 온갖 고통을 동반하는 번뇌일 뿐입니다. 이런 번뇌를 하나하나 없애가다가, 저 끝까지 나아가서[究竟] 마지막 번뇌 하나까지도 다 떨어진 마음자리[窮極]가 궁극의 자리입니다.

'구경'은 가장 마지막 끝자리이고 '궁극'도 더 갈 길 없는 맨 마지막 자리라는 뜻입니다. 그러므로 '구경'이나 '궁극'은 같은 말입니다. 어떠한 번뇌도 남김없이 제거된 궁극의 자리를 강조하기 위하여 반복해 표현한 것입니다. 구경궁극은 보는 대상을 빨강 파랑 등으로 구분하여 옳다거나 그르다고 집착하고 있던 온갖 번뇌를 하나하나 없애고 제거해 가다가, 다 제거하였으므로 더 이상 없앨 번뇌가 없는 마음자리를 말합니다. 번뇌를 없애기 위한 공부가 끝나는 자리입니다. '마지막 번뇌 하나까지도 다 없애버린 마음자리'입니다.

그 자리로 들어가면 온갖 시비분별이 끊어지니 '이것이야'라고 할 만한 어떤 법칙[軌則]도 남아 있지를 않습니다[不存]. 그러므로 어떤 수행만 해야 한다고 주장하거나 이것만이 정법이라고 호들갑을 떨게 될 일도 없습니다. 오로지 마음을 비우고 비워서 텅 빈 충만 그 자체로 자비심이 가득하여 넉넉하게 존재할 뿐입니다.

자비심으로 충만한 그 마음에는 늘 번뇌로 휩싸여 있는 '나'라는 존재가 조금도 남아 있지 않으므로 '나'를 통한 어떤 시비분별도 존재할 수가 없습니다. 맑고 밝은 마음 그 자체로, 주어지는 인연을 있는 그대로 알고 살아갈 뿐입니다. 인연과 관계 속에서 어떤 차별도 없이 모든 사람을 평등하게 대할 뿐입니다.

차별 없는 이 평등한 마음[心平等]과 자타의 구별 없이 하나가 된[契] 마음자리가 중생의 온갖 고통이 사라지고 성불하는 깨달음입니다. 온갖 괴로움이 사라지고 영원한 행복만 남아 있는 부처님 세상이 열리는 것입니다.

아미타불 극락정토로 들어가 있으니 여기서 더 이상 자신의 행복을 위해 해야 할 일이 없습니다. 행복한 삶을 찾기 위해 수행이라 하여 지어 가던 업이[所作] 모두 함께 저절로 다 쉬어 져 버리기 때문입니다[俱息]. 온갖 수행이 끝나 공부가 완성된 곳이므로 더 배워야 할 것이 없습니다. 더 배워야 할 것이 없으 므로 특별히 해야 할 일도 없습니다.

그러므로 이런 도리를 아는 사람들은 주어지는 인연대로 그 저 한가롭게 살아가는 도인일 뿐입니다. 한가롭게 살아가는 이런 도인의 삶을 영가 스님은¹ '더 배울 일 없이 살아가는[絶 學無爲] 한가한 도인[閑道人]'이라고 말하는 것입니다.

이 도인의 마음에는 모든 중생에게 도움을 주는 온갖 일을 벌 이더라도 고갈되지 않는 자비심이라는 보배가 있습니다. 이 자비심은 행복에 목마른 온갖 중생을 아낌없이 적셔주어도 마르지 않는 샘처럼 한없이 흘러나오는 감로수로서 부처님

---

1. 영가현각永嘉玄覺(665~713) 스님은 절강성 온주부 영가현 사람인데 성은 대戴씨이 고 이름은 현각玄覺이다. 영가는 호이고 자字는 명도明道이며 별호는 숙각宿覺이다. 여덟 살에 출가하여 경전을 많이 보고 특히 천태지관天台止觀에 밝았다. 『유마경』을 읽다가 얻은 바가 있었고 조계에 가서 육조 스님께 인가를 받고는 돌아와 고향의 용흥 사에 머물렀다. 당나라 선천先天 2년(713) 10월 17일에 49세로 앉아서 입적하니 예종 이 무상無常 대사라는 시호를 내려주었다. 저서에 『선종영가집禪宗永嘉集』『증도가』 『관심십문觀心十門』 등이 전한다.

법, 곧 부처님 지혜에서 나옵니다.

바깥 경계에 쫓기는 바쁜 마음이 없어 늘 한가로운 모습이지만, 부처님의 법으로 주변을 한없이 조화롭고 평화롭게 만드는 힘이 있습니다. 이런 모습으로 살아가는 분이 바로 부처님입니다.

바쁘다고 허둥대며 사는 모습은
헛된 경계 집착하며 살아가는 삶
꿈과 같고 그림자나 물거품 같아
허깨비에 얽매여서 살 필요 없네.

들이쉬고 내쉬는 숨 호흡 사이에
잠깐 동안 내 목숨이 달려 있지만
이 세상도 한순간에 흩어지는 것
무엇 하나 집착할 게 전혀 없구려.

28. 여우처럼 내던 의심 다 없어지면

狐疑淨盡　여우처럼 내던 의심 다 없어지면
호 의 정 진

正信調直　바른 믿음 조화롭게 곧아지리니
정 신 조 직

一切不留　어떤 것도 마음속에 담지를 않아
일 체 불 류

無可記憶　기억하여 집착할 법 조금도 없네.
무 가 기 억

올해 초 아직 쌀쌀한 2월 인월암에서 조계산 산중에 사는 송광사 젊은 종무원 분들과 차를 마시게 되었습니다. 절집에 오기 전 유명 백화점에서 자신의 사업을 했다는 한 분이 따뜻한 차 한 잔에 자연스럽게 속 이야기를 꺼내었습니다.

"스님, 절집에 들어와 지내다보니 주변 환경이 너무 좋고 마음이 편안해 행복합니다. 절집에 봉사하면서 같이 지내는 사람들이 바깥사람들과 다르게 착하고 순하면서 인정도 많아 다툴 일도 없습니다."

"요즘처럼 좋은 세상에 산중 생활이 불편한 점도 많을 텐데요."

"조금 불편해도 마음이 편안하니 만족합니다. 그런데 주변 친구나 가족들이 저를 걱정해 고민입니다."

"보살님이 산중생활에 만족하는데 무엇이 문제입니까?"

"그렇게 마음 편하게 살다가 세상 돌아가는 것도 모르고 나이들어서는 어떻게 할 거냐고, 빨리 현실 생활로 돌아와 한 푼이라도 더 벌어 저축도 하고 노후대책도 마련해야 한답니다. 절집 생활에 행복하다가도 이런 말을 들으면 마음이 많이 흔들립니다. 나중에 뒤쳐진 사람이 되지나 않을까? 노후는 어떡하지? 별별 생각이 다 드는데 제가 잘못 살고 있는 걸까요?"

"다른 사람을 위해 봉사하며 행복한 현재의 삶이 훗날 나이들어 불행의 씨앗이 될 거라는 다른 사람들의 말에 흔들릴 필요가 전혀 없습니다.

세상을 살아가며 마음이 편안하고 행복하면 그 자체가 부처님 삶입니다. 그런 삶을 살아가는 사람은 세상에 흔치 않습니다. 누구라도 부처님 삶을 살고 있다면 그 자체가 완성된 삶입니다. 보살님께서는 잘 살고 있으니 걱정하실 필요가 전혀 없습니다."

그런데 이런 말을 비단 이 분에게만 들은 것이 아닙니다. 우연한 기회에 차담을 하게 된 다른 종무원 분도 같은 고민을 이야기하였습니다. 언론매체에서 일을 하다 지쳐 송광사에 들어와 본인은 만족하는데 주변 사람들이 자꾸 들쑤시는 바람에 마음이 불편하다는 것이지요.

이처럼 지금 삶에 만족하고 있으면서도 아직 일어나지도 않은 일 때문에 스스로 현재의 삶을 부정하며 섬뜩섬뜩 여우처럼 온갖 의심을 내기 시작하면 생각이 많아지게 됩니다.

생각이 많아지면 마음이 복잡해지고, 마음이 복잡해지면 주변이 어두워지고, 따라서 내 마음 따라 움직이는 몸도 어둡고 무겁게 됩니다. 만사가 귀찮아지고 온갖 것에 불평불만을 터뜨리면서 조그마한 일에도 화를 내 다른 사람과 온갖 갈등을 일으키게 됩니다.

쓸데없는 걱정으로 괴로운 삶을 만들어내는 이런 것이 중생의 번뇌입니다. 그러므로 중생의 삶을 벗어나고자 하는 수행자는 현재 자신에게 주어지는 온갖 인연에 최선을 다하여 자신의 삶만 챙길 뿐, 이에 대하여 여우처럼 의심이 많고 생각이 많으면 절대로 안 됩니다.

여우 같은 의심[狐疑] 때문에 줄지어 일어나는 불필요한 복잡한 생각들이 깨끗하게 남김없이 다 사라져야[淨盡] 맑고 깨끗한 마음자리에서 바른 믿음이 생겨나는 것입니다.

여기서 말하는 '바른 믿음[正信]'이란 의심과 이로 인한 복잡한 생각들이 다 사라져 번뇌가 없는 부처님의 마음이 저절로 넘쳐흐르는 것을 말합니다. 이 믿음 속에서 주어지는 인연과 세상살이에 걸림 없이 조화롭게 부처님 마음이 있는 그대로 바로 드러나는 것입니다[調直].

이 마음은 있는 그대로 일상생활에서 배고프면 밥을 먹고 목마르면 물을 마시며 그저 주어진 인연에 충실할 뿐, 과거에 내가 무슨 일을 하였고, 지금 내가 무엇을 해야만 하며, 미래에 내가 어떻게 되어 있어야 할 것이라는 어떤 복잡한 생각도 마음속에 담아 두지를 않습니다[一切不留].

그러므로 마음속에 어떤 흔적이나 자취가 남아 있지 않아 기억하여 집착할 수 있는 어떤 경계나 법이 조금도 없습니다[無可記憶]. 그 마음으로 지금 내가 하고 있는 일에 최선을 다할 수 있습니다.

부처님 품안에서 살며 부처님 가르침을 잘 따른다면, 잘못 살고 있는 세상 사람들의 말에 현혹될 일이 결코 없을 것입니다.

봄이 옴에 산에 들에 파릇한 기운
산골짜기 물 흐르니 예쁜 꽃 피어
봄바람에 꽃비 날려 아름다워라
새록새록 내 가슴에 행복한 세상.

이 마음에 다른 생각 조금도 없어
보는 세상 그대로가 극락정토라
푸른 하늘 두리둥실 밝은 보름달
온 누리를 빠짐없이 환히 비추네.

29. 허허로운 밝은 광명 절로 비추니

虛明自照 허허로운 밝은 광명 절로 비추니
허 명 자 조

不勞心力 애가 타게 마음 쓸 일 전혀 아니고
불 로 심 력

非思量處 분별하여 헤아릴 곳 전혀 아니라
비 사 량 처

識情難測 중생들의 생각으론 알기 어렵네.
식 정 난 측

한 생각도 마음속에 담고 있지 않으면 세간에 벌어지는 일들로 인해 생기는 흔적이나 앙금이 마음속에 남지 않으니 마음이 텅 빌 수밖에 없습니다.

텅 빈 마음은 티끌 하나 없이 밝고 맑은 거울과 같습니다. 거울 속이 텅 비어 온갖 모습을 남김없이 있는 그대로 비추듯, 어떤 경계나 법에 대한 집착이 사라진 번뇌 없는 텅 빈 마음은 보고 느끼는 세상을 있는 그대로 더 보태거나 빼지 않고 알아차립니다. 집착도 시비분별도 없는 이 마음은 티끌 하나 없는 깨끗한 거울과도 같으니, 이 마음을 '밝고 맑은 거울'에 비유하는 것입니다.

텅 빈 마음은 허허로우므로[虛] 어떤 시비나 분별이 없어 집착할 것이 없습니다. 집착이 사라진 번뇌 없는 밝고 맑은 깨끗한 마음이니[明] 여기에서 저절로[自] 밝은 광명이 드러나서 인연 있는 온갖 경계를 있는 그대로 비추니[照] 그 모습들이 마음속에 차별 없이 드러날 뿐입니다.

따라서 텅 빈 마음으로 살아가는 사람은 세간에서 벌어지는 온갖 일들을 눈으로 보고 귀로 들으며 그 대상을 있는 그대로 **빠짐없이** 알 뿐, 특별히 어떤 경계에 집착하여 시비분별을 일으키는 욕망과 번뇌로 애가 타게 마음 쓸 일이 조금도 없습니다[不勞心力].

이 마음이 부처님 마음입니다. 이것이 언제나 변함없는 우리들의 참마음이요, 조사 스님들의 깨달음입니다. 이 마음은 중생의 영역을 벗어난 부처님의 세상이니 중생의 생각으로 헤아려 알 수 있는 곳이 아닙니다[非思量處].

중생이 아무리 면밀히 분석하고 추론한다고 하여도 이는 중생의 망상덩어리 알음알이일 뿐이니[識情] 이 알음알이로는 부처님의 마음을 헤아려 알기가 어려운 법입니다[難測].

다시 한 번 정리하면, '텅 비어 허허로운 이 마음[虛]'에서는 부처님도 중생도 그 무엇도 찾을 수 없습니다.

그러나 아무것도 없다고 해서 아무것도 없느냐 하면 그렇지가 않습니다. 이 마음에 어떤 인연이 주어지면, 그 마음속에는 인연이 주어지는 법으로서 산하대지 삼라만상 온갖 것을 환하게 드러내는 묘한 작용이 있습니다[明]. 우리가 경전이나 어록에서 많이 쓰는 진공묘유眞空妙有라는 말과 같은 뜻이지요

'허虛'는 텅 빈 '진공眞空'에 해당됩니다. 여기에서 인연이 주어지는 온갖 법이 환하게 드러나는 모습이 '명明'입니다. 오묘하고 미묘하게 있게 되는 묘유妙有에 해당되지요. 이와 똑같은 뜻으로 많이 쓰이는 용어로서 마하반야摩訶般若, 쌍차쌍조雙遮雙照, 공적영지空寂靈知 등이 있습니다. 여기서 '진공'과 같은 표현은 마하, 쌍차, 공적이고, '묘유'에 해당하는 것은 반야, 쌍조, 영지입니다.

'텅 빈 마음[眞空]'은 '부처님 마음[摩訶]'이니, 이 마음은 '모든 번뇌가 차단된 곳[雙遮]'입니다. 모든 번뇌가 차단되어 '온갖

시비분별이 사라진[空] 고요한 마음자리[寂]'입니다. 이 마음
자리에서 부처님의 지혜가 저절로 흘러나옵니다[般若]. 이 지
혜의 광명으로 이 세상 모든 것이 드러나서[雙照], 저절로 온갖
존재의 실체를 알게 되니 이것이 '신령스런 앎[靈知]'입니다.

그러므로 허허로운 마음에서 밝은 광명이 뻗어 나와 절로 모
든 세계를 비추니[自照], 온갖 세상의 모습이 저절로 드러나
모든 것을 알게 되어, 이 자리에서는 무엇을 알고자 애타게
마음 쓸 일이 없습니다.

시비분별하는 마음을 버리면 집착하는 번뇌가 사라진 청정
한 마음에서 환하게 세상의 법을 있는 그대로 통찰할 수 있는
지혜가 드러나는데 그것이 마하반야입니다. 반야지혜가 있
으니 이리저리 머리 굴릴 필요도 없고 이리저리 애타게 마음
쓸 필요가 없습니다[不勞心力].

그러므로 특별히 마음 쓸 일이 없으니 마음이 편안하고 고요
하며 행복하겠지요. 고달프게 마음 쓸 일 없는 이 부처님 마음
자리는 생각으로 분별하여 헤아려 알 곳이 아닙니다[非思量
處]. 중생들의 생각으로 알기가 어려운 곳이지요.

식정난측識情難測에서 '식識'은 중생이 집착하는 분별로 일어나는 알음알이고 '정情'은 사심으로 자기 생각이 더덕더덕 붙어 있는 걸 말합니다. 곧 '식정'은 중생의 알음알이이니, 이 알음알이로는 언어의 길이 끊어지고 분별이 사라진 부처님의 마음을 측량하기가 어려워 헤아릴 수가 없는 것입니다. 중생의 알음알이로 알기 어려운 이런 마음자리를 진여법계라고도 합니다.

탐욕으로 눈이 멀어 불쌍한 중생
늘 언제나 고통 속에 살아가지만
욕심 비운 마음자린 맑고 밝아서
그대로가 부처님의 행복한 세상.

30. 어서 빨리 이 자리로 가고자 하면

眞如法界 참다운 법 존재하는 진여법계는
진여법계

無他無自 나와 남이 구별되는 법이 없으니
무타무자

要急相應 어서 빨리 이 자리로 가고자 하면
요급상응

唯言不二 모름지기 '불이'라고 말할 뿐이다.
유언불이

진여眞如란 참으로[眞] 변하지 않는 여여[如] 한 부처님의 마음
자리를 말합니다. 그 마음자리에서 하나하나의 법法이 일어
나고 사라지는 시방세계의 영역이[界] '법계法界'입니다. 법
계에서는 나와 남도, 주체와 대상도, 극락과 지옥도 모두가
공성으로 오로지 '불이不二'일 뿐입니다.

법계의 영역에서는 온갖 법이 일어나고 사라지는 생멸이 있
으므로 중생이 볼 때는 그 모습들이 달라 구별되는 세상이나,
부처님은 온갖 법도 그 인연이 흩어지면 한 점도 남아 있지
않고 사라지는 근본을 보니 그 자리는 어떤 실체도 없는 공성

空性일 뿐입니다. 세상의 모든 법이 공인 줄 모르고 죽 끓듯 변하는 법을 하나하나 분별하며 살다 보면 희로애락 집착 속에 살아가기 마련인데 이것이 중생의 삶입니다.

반대로 온갖 법은 많은 인연이 모여 생겨난 허깨비와 같은 공성인 줄 알면, 집착을 벗어나 온갖 시비분별을 떠나므로 영원히 행복한 부처님 삶을 살게 됩니다. 이 부처님 마음자리는 텅 빈 공성일 뿐 주객의 경계가 사라져 나와 남을 구별하는 법이 없습니다[無他無自]. 그 자체로 참으로 여여할 뿐입니다.

옛날 중국 경조지방에 왕씨 성을 가진 사람이 살았습니다. 그는 나쁜 일만 일삼다 갑자기 병으로 죽게 되었습니다. 저승사자가 나타나 끌려가는 도중에 그는 지옥문 앞에서 지장보살을 만났습니다. 지옥중생을 남김없이 모두 제도하려는 원력을 지닌 지장보살은 지옥으로 가고 있는 그를 불쌍히 여겨 게송 하나를 외우도록 하였습니다. 그 게송은 다음과 같았습니다.

시방삼세 곳곳마다 계신 부처님
그분들이 사는 세상 알고자 하면
법의 영역 그 성품을 보아야 하니
이 모두가 내 마음이 만들었음을.

지장보살은 "이 게송을 열심히 외우면 지옥의 고통을 벗어날 수 있다"라고 일러 주었습니다. 지옥으로 질질 끌려가며 두려움에 떨던 왕씨는 이 게송을 지푸라기라도 잡는 심정으로 지극정성 간절하게 외웠습니다.

명부전에 들어가 염라대왕 앞에 서자, 염라대왕이 "이 사람에게 무슨 공덕이 있는가?"라고 물었습니다.

저승사자가 "이 사람은 세상에서 나쁜 일만 했을 뿐 좋은 일을 한 적이 없고, 다만 네 구절 게송만 하나 받아 지녀 외우고 있을 뿐입니다"라고 대답하며, 지장보살을 만나 게송을 받아 지닌 일을 빠짐없이 설명하였습니다.

이 소리를 들은 염라대왕은 바로 지옥에서 이 사람을 집으로 돌려보냈습니다. 뿐만 아니라 이 사람이 게송을 큰 소리로 외울 때, 이 게송을 들었던 지옥중생들도 모두 지옥의 고통에서 벗어나는 영험이 있었습니다.

이 게송의 음덕으로 죽은 지 3일 만에 그는 다시 살아났고, 주변 모든 사람에게 죽어 경험했던 신기한 일을 말해 주며 이 게송을 외우라고 간곡하게 일러 주었습니다.

이 게송은 『화엄경』에 나오는 것으로 절집에서 불자들이 늘 염불하고 외우며 독경하는 사구게四句偈입니다.

이 게송의 뜻이 무엇이겠습니까?

'법계法界'는 내 마음에서 일어나는 하나하나의 법이 모여 만들어지는 세상이고, 그 법 하나하나에 어떤 생각을 갖느냐에 따라 보는 세상이 지옥도 되고 천당도 된다는 것입니다.

욕심 성냄으로 가득 차 있던 어리석은 왕씨는 나쁜 마음으로 살아가다 보니 주변에 원한이 많이 쌓일 수밖에 없었습니다. 그 원한이 뒷날 날카로운 칼날이 되고 살벌한 독기가 되어 지옥불 속으로 그를 떠미니 참기 어려운 온갖 고통을 받지 않을 수 없겠지요.

왕씨가 여기서 빠져 나올 수 있는 길은 나쁜 마음을 없애는 방법 밖에 없습니다. 나쁜 마음을 없애 곳곳에 부처님이 계시는 극락정토로 올라가야 지옥의 고통을 온전히 벗어날 수 있기 때문입니다. 그 방법을 지장보살이 게송으로 일러 준 것입니다.

시방삼세 곳곳마다 모든 부처님이 계신 곳이 극락정토인데 그곳을 알려면 법계의 참 성품을 보아야 합니다. 천당과 지옥이 모두는 허망한 내 마음이 만든 것이므로 거기서 벗어나야 여여 한 극락세계로 들어갑니다.

허망한 마음은 꿈과 같고 허깨비 같은 것이므로 집착할 것이 아닙니다. 집착이 떨어진 텅 빈 마음, 영원토록 변치 않는 여여 한 마음 그 자리가 바로 시방삼세 모든 부처님이 드러나는 진여의 세계 극락정토입니다. 그러므로 법계의 참 성품이 공성인 줄 알아 여여 한 부처님의 마음자리 진여의 세계로 들어가야 합니다.

진여 그 마음자리는 나와 남을 분별하는 일이 없고 지옥과 천당을 분별하는 일도 없습니다. 그러니 집착할 일이 없어 그저 마음 안팎으로 여여 한 마음일 뿐이니, 잘못된 마음으로 만들어낸 지옥 아귀 축생의 온갖 고통에서 벗어날 수 있습니다.

참다운 공으로 부처님의 법에 들어가니 이 자리는 차별이 없는 법계로 평등한 세상입니다. 이 세상으로 어서 빨리 가고자 하면 나와 남이 다를 것이 없고 중생과 부처가 조금도 차별이 없는 세상, 둘로 나누어 다툴 것이 없는 불이不二의 세상으로 묵묵히 들어갈 뿐입니다.

부처님이 살아 계신 진여법계는
다툼 없이 살아가는 화목한 세상
어서 빨리 이 세계로 들어가려면
잘났다는 그 마음만 버리면 되네.

31. 무엇 하나 포용하지 않는 것 없어

不二皆同 '불이'라면 모든 것이 다 같아지니
불이개동

無不包容 무엇 하나 포용하지 않는 것 없어
무불포용

十方智者 시방세계 지혜로운 모든 사람들
시방지자

皆入此宗 빠짐없이 이 종지로 들어가리라.
개입차종

'불이不二'란 온갖 이치가 녹아드는 공 도리를 드러내는 말이니, 모든 집착이 떨어진 부처님 마음자리를 말합니다. '불이'의 이치는, 온갖 경계와 차별을 뛰어넘는 절대 평등의 진리로서 팔만사천법문을 드러내는 부처님의 마음자리를 말합니다. 『유마경維摩經』『신심명』『대승의장大乘義章』『중론 中論』 등에서도 이 이치를 언급하고 있습니다.

유마경 '입불이법문품入不二法門品'에서는 서로 상대되는 서른 두 종류 개념을 설명하며 '그 근본이 공空과 조금도 다를 것이 없다'라는 이치를 설명하고 있는데, 이를 '불이법문不二

法門’이라고 합니다.

‘불이’는 신심명에서 강조하는 선과 악, 옳고 그름 등 어느 한쪽에도 집착하지 않는 마음자리와 같습니다. 온갖 경계를 마주하되 그 경계를 분별하여 집착하는 마음이 조금도 없는 것입니다.

대승의장에서도 ‘불이’를 풀이하기를 “실다운 온전한 이치이니 온갖 모습에 대한 집착을 떠난 고요한 마음이다. 여여 하고 평등하여 ‘너’와 ‘나’의 구별이 다 사라져 차별이 없는 곳이므로 불이不二라고 한다”라고 하였습니다.

중론의 가르침 역시 불이법문이라 할 수 있습니다. 여덟 가지 내용으로 모든 현상의 실체를 부정하며[不二], 온갖 존재의 본질은 서로 인연이 되어 의지하고 있을 뿐 똑같이 실체가 없다는[皆同] 공空 도리를 잘 드러내고 있기 때문입니다.

드러난 온갖 모습은 세월 속에서 변하는 법이므로, 어느 한쪽에 치우쳐 집착하지 말고 ‘텅 빈 충만 그 마음으로 온갖 존재를 품고 살아가라[無不包容]’는 것입니다. 이것이 바로 중도中道이며 불이법문입니다.

이 도리를 설파하는 중론의 게송을 소개합니다.

> 생기는 것도 아니요 멸하는 것도 아니며
> 영원한 것도 아니요 끊기는 것도 아니다
> 똑같은 것도 아니요 다른 모습도 아니며
> 오는 것도 아니요 가는 것도 아니다.
>
> 不生亦不滅　不常亦不斷　不一亦不異　不來亦不去

이 게송은 '팔불중도八不中道'라 불리며 중론의 요지를 담고 있습니다. 온갖 법을 부정하는 여덟 가지 도리로 모든 법의 실상을 드러내고 있는데, 이 게송을 스무 살이 서른 살이 되는 인과법으로 풀이해 보겠습니다.

'불생不生'은 스무 살 인因이 있기에 서른 살 과果가 있다는 것을 말합니다. 인因과 상관없이 과果가 있다면 생겨난 것이라 말할 수 있겠지만, 인因을 떠나서는 과果를 얻을 수 없습니다. 모든 법이 그냥 생기는 것이 아니기 때문입니다. 먼 옛날 곡식이 없었다면 오늘날 곡식을 얻을 수 없는 것과 같습니다.

'불멸不滅'은 서른 살 과果 속에 스무 살 인因이 있다는 것을 말합니다. 인因이 없다면 과果는 존재하지 않기 때문입니다.

아주 옛날 곡식이 없었다면 지금 곡식이 없어야 하지만, 이 자리에 곡식이 있는 것은 먼 옛날부터 곡식이 있었기 때문입니다.

'불상不常'은 서른 살 과果의 모습은 스무 살 인因의 모습 그대로가 아니라는 것을 말합니다. 곡식이 싹이 틀 때 씨앗이 변해 싹이 튼 것이니, 이런 이유로 시간의 흐름 속에서는 '늘 그대로의 모습으로 있는 것이 아니다[不常]'라는 것입니다.

'부단不斷'은 스무 살 인因에서 서른 살 과果로 계속 이어진다는 것을 말합니다. 곡식에서 씨앗이 나오고 씨앗에서 싹이 나오는 것과 같으니, 이런 이유로 '끊기는 것이 아니다[不斷]'라는 것입니다. 만약 곡식이 없고 곡식의 씨앗이 없다면 싹으로 나올 것이 없기 때문입니다.

'불일不一'은 스무 살 인因의 모습이 서른 살 과果의 모습과 다르다는 것을 말합니다. 곡식이 싹일 수 없고 싹이 곡식일 수 없는 것과 같으니, 이런 이유로 변한 모습은 '똑같은 모습이 아니다[不一]'라는 것입니다.

'불이不異'는 스무 살 인因을 벗어나지 않고 서른 살 과果가 있다는 것을 말합니다. 이는 스무 살 때 성姓이 장張씨라면 서른 살 때 성姓도 장張씨로서 달라지지 않는 것과 같습니다. 곡식에서 나온 싹과 줄기와 잎 모든 것이 곡식과 다른 것이라면, 무슨 이유로 곡식의 싹, 곡식의 줄기, 곡식의 잎이라고 구별하겠습니까. 이런 이유로 세월이 변해도 '다른 것이 아니다[不異]'라고 말하는 것입니다.

'불래不來'는 스무 살 인因이 그대로 서른 살 과果로 오는 것이 아님을 말합니다. 스무 살 모습이 서른 살 모습에 흔적은 남아 있어도 스무 살 모습 그대로가 아니라는 것입니다.

'불거不去'는 스무 살 인因의 모습 그 인연이 흩어지면 그 자리에서 사라지는 것일 뿐, 스무 살 모습 그대로 서른 살 모습으로 옮겨가는 것이 아니라는 것입니다.

이러한 이치를 통달한 사람이 지혜로운 사람입니다. 지혜로운 시방세계 모든 사람이[十方智者] 이 도리를 안다면, 어느 한쪽에 집착하는 온갖 말장난을 떠나 한 사람도 빠짐없이 불이법문의 종지로 들어갈 것입니다[皆入此宗].

32. 한 생각이 그 자체로 만년이 되어

宗非促延
종 비 촉 연
이 종지는 짧고 긴 게 전혀 아니라

一念萬年
일 념 만 년
한 생각이 그 자체로 만년이 되어

無在不在
무 재 부 재
'있다' '없다' 상관없는 그 자리이니

十方目前
시 방 목 전
시방세계 눈앞에서 펼쳐지리라.

마음이 쉬고 또 쉬어져 '한 생각이 만년'이 된 자리는 몸과 마음이 적멸하여 온갖 집착이 떨어지니 이 마음자리는 평등하여 차별이 없습니다. 그러므로 '있다' '없다'에 상관없는 자리에 들어가니 이처럼 대립하는 두 존재가 본질적으로 볼 때는 둘이 아니라는 공 도리를 드러내는 말이 '불이不二'입니다.

이 이치를 깨우친다면 어느 한쪽으로 치우쳐 집착하는 온갖 차별을 떠나 평등한 마음이 있는 불이법문의 종지로 들어갑니다. 이 종지로 들어간 사람은 집착하는 '나'가 사라졌으므로 자신의 생각으로 어떤 대상을 '짧다[促]'거나 '길다[延]'라고 차별하는 마음이 없습니다. 또한 '길다' '짧다' 차별하는 마음이 없는 한 생각 이대로가 만년이고, 만년 이대로가 한 생각입니다.

'짧고 긴 게 전혀 아니라'는 것은, 시비분별로 집착하여 차별하는 마음이 일어나지 않도록 완전히 부정하여 차단하는 쌍차雙遮의 입장에서 말하는 것이며, 한 생각 이대로 그 자체가 만년이고, 만년 이대로 그 자체가 한 생각이라는 것은, 있는 그대로 모든 것을 완전 긍정하는 쌍조雙照의 입장에서 말하는 진여 불이不二의 종지입니다.

지금 불이不二의 종지를 쌍차쌍조 논법으로 설명했는데, '쌍차'라고 하는 것은 번뇌로 나타나는 모든 경계를 차단하고 부정하는 것입니다. 반면 '쌍조'는 부처님의 지혜로 나타나는 모든 것을 인정하고 살려 냅니다. 극과 극이 통하는 것이기에 모든 것을 부정하고 죽이는 자리 '쌍차'에서 '쌍조'로 모든 것을 다 긍정하고 살려낼 수 있습니다. '쌍차' 그 자리에 '쌍조'가 있어 모든 것이 다 살아난다는 것은, 잘못된 견해를 다 죽였기 때문에 올바른 견해가 다 살아난다는 것입니다.

진여 불이不二의 종지에서 대도를 성취하면, 시간의 길고 짧음이 다 끊어진 쌍차에서 바로 한 생각이 만년이 되고 만년이 한 생각이 되는 쌍조가 드러납니다. 돌이켜 생각하면 '한 생각이 만년'이 되고 '만년이 한 생각'이 되는 쌍조가 그대로 시간의 길고 짧음이 다 끊어진 쌍차라는 것입니다. 곧 중생의 번뇌를 완전히 부정한 '쌍차'가, 한 생각이 만년이 되고 만년이 한 생각이 되어 모든 것을 완전히 긍정하는 '쌍조'가 되니, 이 '쌍조' 속에 '쌍차'가 오롯이 들어 있습니다. 쌍조가 쌍차가 되고, 쌍차가 쌍조가 되는 이 도리를 불교에서는 '쌍차쌍조'의 중도中道 법문이라고 합니다.

또한 여기서 '한 생각과 만년'이라고 하니, '한 생각'과 '만년'이 따로 있는 줄 알면 큰 잘못입니다. 여기서 말하는 '한 생각'은 온갖 망념이 다 떨어진 우리의 참마음을 말합니다. 이 마음은 생겨나는 마음도 아니요, 없어지는 마음도 아니므로 불생불멸입니다. 천년이 가고 만년이 가고 무량겁의 세월이 흘러도 늘 변하지 않고 그대로 있는 마음입니다. 그러므로 '한 생각 그 자체가 만년이 된다[一念萬年]'라고 이야기할 수 있는 것입니다.

이 '한 생각'은 '망념으로 생겨나는 시공간'을 뛰어넘는 참마음입니다. 그래서 망념으로 생겨난 시간과 공간상에 존재하는 중생의 눈으로는 찾아볼 수도 없고 중생의 마음으로는 헤아려 생각해 볼 수도 없는 곳입니다.

그러므로 참마음은 언어도단言語道斷 심행처멸心行處滅이라고 합니다.[1] 눈으로 볼 수 없기 때문에 짐작해 말할 길도 없고, 헤아려 생각해 볼 수도 없기 때문에 마음 갈 길이 끊어진 곳입니다. 눈으로 볼 수 없고 말로 표현할 수 없으니, 이 참마음을 '있다'거나 '없다'라고 할 수 없습니다. 그러므로 이 마음은 '있다' '없다'라고 한쪽에 집착하여 분별하는 중생의 마음과는 전혀 상관이 없는[無在不在] 부처님 마음자리입니다.

이 부처님 마음은 텅 빈 마음이어서 찾아보아도 찾을 수가 없는 마음이지만, 텅 빈 허공처럼 시방세계를 빠짐없이 그대로

---

1. 원순역해, 『돈오입도요문』(도서출판 법공양, 2011)에서는 '언어도단言語道斷 심행처멸心行處滅'을 다음과 같이 풀이하고 있다.
   문 : 경에서 "언어의 길이 끊기고 분별하는 마음이 사라진다"라고 하니 그 뜻이 무엇입니까?
   답 : 말로 이치를 드러냄으로써 이치를 얻지만 그 이치는 사실 말이 끊어진 자리이다. 이치는 '공空'이요, 공은 '도道'인데 도는 말로 표현할 수 없는 자리이기 때문에 '언어의 길이 끊긴다[言語道斷]'고 한다.
   '분별하는 마음이 사라진다[心行處滅]'는 것은 이치로서 '공空'인 실제의 뜻을 얻었기에 다시 어떤 대상을 보려고 생각하는 마음을 일으키지 않는 것을 말한다.
   어떤 대상을 보려고 생각하는 마음을 일으키지 않으므로 생멸하는 마음이 없고, 생멸하는 마음이 없으므로 온갖 색으로 드러나는 성품이 공空이며, 색의 성품이 공이므로 오만 가지 인연이 다 쉬어진다. 오만 가지 인연이 다 쉬어진다는 것은 분별하는 마음이 다 사라진 것이다.

품고 있습니다. 시방세계를 품고 있으므로 이 마음으로 보면 시방세계가 그대로 눈앞에 펼쳐집니다[十方目前]. 허공 속에 멀리 뻗어나가는 시방세계가 눈앞에서 펼쳐지니, 멀고 가까운 거리가 공간적으로 하나가 되어버리는 것입니다. 우리가 망념을 벗어나 해탈하면, 시간적으로는 길고 짧은 것이 없어 한 생각이 만년이 되고 만년이 한 생각이 됩니다. 공간적으로도 있다거나 없다는 구별이 없어 멀고 가까운 것이 없어지니 시방세계가 눈앞이 되고 눈앞이 시방세계가 되는 것입니다.

이러한 이치를 안다면 더 이상 말이 필요 없습니다. 부처님 제자로서 늘 경전을 가까이 하고 독송하며 망념을 쉬고 또 쉬어 가야 합니다. 그러다 어느 순간 앞뒤 생각이 끊어지고 참마음이 드러나서 '한 생각이 만년이고 만년이 한 생각'이 되는 날, 아름답게 빛나는 세상에서 천진하게 웃고 있겠지요.

가을 하늘 기나긴 밤 밝은 달이 두리둥실
고요한 방 달빛 가득 내 벗 삼아 지내는데
언뜻 이는 솔바람이 허공 속에 흩어지자
흔들리는 댓잎 위에 맑은 이슬 영롱하네.

33. 크고 작은 모든 경계 잊어버리고

極小同大　지극히도 작은 것이 큰 것과 같아
극 소 동 대

忘絶境界　크고 작은 모든 경계 잊어버리고
망 절 경 계

極大同小　지극히도 큰 것들이 작은 것 같아
극 대 동 소

不見邊表　그 끝이나 바깥 모양 볼 수가 없네.
불 견 변 표

온갖 경계와 차별을 뛰어넘는 절대 평등의 진리이며 한 생각 그 자체로 만년이 되는 '불이不二'의 이치는 세상에 실재하는 것처럼 생각되는 공간과 시간에도 마찬가지로 적용이 됩니다. 지극히 작은 것이 큰 것과 같고 지극히 큰 것들이 작은 것과 같아진다는 것입니다.

'어떤 모습도 존재하지 않는 텅 빈 허공[極小]'에서 홀연 허공과 아주 흡사하지만 허공이 아닌 아주 작은 입자의 물질이 생겨납니다. 이것을 불교에서는 '인허진隣虛塵'이라 말합니다. 이 인허진이 일곱 개가 모이면 세상에서 가장 작은 티끌이 되고, 이런 티끌이 많이 모이다 보면 문틈 사이 밝은 햇살 속에서 고물고물 움직이며 더러 눈에 띄는 먼지가 됩니다. 이런 먼지가 모이고 쌓이다 보면 텅 빈 마룻바닥 위에서 흔히 눈에 띄는 먼지로 드러나고, 이런 먼지가 모여 부드러운 흙이 되며, 이 부드러운 흙이 불과 물, 바람 등 많은 인연과 어울려 흩어지고 모이면서 견고한 땅으로 만들어지게 됩니다.

이 땅덩어리가 끝없이 펼쳐지는 것을 대지라 하고, 이 위에 중생들은 선을 긋고 경계를 표시하여 그들의 국토라 주장하며 지키기 위해 싸웁니다. 이 국토가 흘러가는 세월 속에서 변화무쌍한 힘의 향방에 따라 끊임없이 바뀌고 변해가는 것이 중생들이 사는 세상의 모습입니다.

이러한 세상이 끊임없이 허공 속에 한없이 펼쳐지는 모습을 삼천대천세계라고 말하기도 합니다. 이 허공은 그 끝이 없으므로 이 허공 속에 펼쳐지는 삼천대천세계의 모습도 그 끝이 없습니다. 상상을 초월하여 펼쳐지는 삼천대천세계의 모습은 그 끝이 없으므로 우리는 그 '끝이 되는 곳의 바깥 모양[極처]'을 볼 수가 없습니다.

눈에 보이지도 않는 허공 속에 한없이 큰 삼천대천세계가 펼쳐진다는 것은, 지극히도 작은 것이 지극히도 큰 것과 같다는 말이 됩니다[極小同大]. 그 자리는 중생의 사량 분별로 추측하고 헤아릴 수 있는 것이 아니니, 크고 작은 모든 경계가 다 끊어진 곳입니다[忘絶境界]. 지극히도 작은 것이 큰 것과 같아지는 이치가 이러한데, 지극히도 큰 것들이 작은 것과 같아지는 이치는 또 어떠하겠습니까.

온갖 인연이 모여 만들어지는 한없이 큰 삼천대천세계[極大]를 구성하고 있는 커다란 흙덩어리를 대지라 하고 아주 작은 흙덩어리를 티끌이라 합니다. 이 티끌 가운데 가장 미세한 티끌을 일곱 등분하여 만들어지는 것이 인허진입니다.

인허진은 '허공에 이웃한 티끌'이라는 뜻이니, 달리 말하면 허공과 거의 같다는 것입니다. 이것을 다시 쪼개면 그대로 사라지면서 텅 빈 허공이 된다고 능엄경에서도 말하고 있습니다.

온갖 모습으로 드러나는 물질을 쪼개고 쪼개가다 보면, 한계점에 다다른 어느 순간 아무것도 존재하지 않는 텅 빈 허공[極小]이 되어버립니다. 이 허공은 부피나 어떤 모양을 조금도 갖추고 있지 않으므로, 이 세상에서 드러나는 크고 작은 어떤 경계로도 그 모습을 나타낼 수 없습니다.

삼천대천세계를 만든 온갖 인연이 흩어지고 흩어지면 마지막에 허공이 된다는 것은, 결국에 물질로 드러나는 모든 것은 많은 인연이 모여 만들어진 것일 뿐, 고정불변의 어떤 실체가 없는 텅 빈 허공과도 같기 때문입니다. 한없이 큰 삼천대천세계도 알고 보면 고정불변의 어떤 실체가 없어 허공과 같으니, 지극히도 큰 것이 지극히도 작은 것과 같다는 말이 됩니다[極大同小].

하지만 지극히 큰 것과 지극히 작은 것은 그 부피나 모양을 보려고 해도 볼 수가 없습니다. 지극히 큰 것은 그 끝이 없으므로 '끝이 있는 가장자리나 표면'을 눈으로 볼 수가 없고, 지극히 작은 것 또한 눈에 보이게 존재하지 않으므로 볼 수 있는 방법이 없습니다[不見邊表].

결론적으로 '지극히도 작은 것'이 '지극히 큰 것'과 같다는 것은 거꾸로 '지극히 큰 것'도 '지극히도 작은 것'과 같다는 말과 같습니다. 지극히 큰 것도 지극히 작은 것과 마찬가지로 그 끝이나 표면을 볼 수 없다는 것입니다.

'극소동대極小同大'를 거꾸로 '극대동소極大同小'라고 말한 것이지요. 또한 크기와 부피가 없는 극소極小와 허공의 끝인

극대極大는, 중생의 사량 분별로 추측하고 헤아릴 수 있는 것이 아니니, 크고 작은 모든 경계가 다 끊어진 곳입니다[忘絕境界]. 그러므로 그 '끝이 있는 가장자리나 표면'을 눈으로 볼 수가 없고, 그것이 눈에 보이게 존재하지 않으므로 볼 수 있는 방법이 없는 것이지요[不見邊表].

경전에 의하면 이런 경계는 오직 부처님 마음자리에서 부처님 지혜로만 알 수 있는 곳입니다. 그러므로 허공을 부처님 마음에 비유하기도 하고, 삼천대천세계를 알 수 있는 지혜를 부처님 지혜라고 표현하기도 합니다.

'극소'가 '극대'가 되고 '극대'가 '극소'가 된다는 것은, 다시 말해 대大와 소小가 다르지 않고 유有와 무無가 하나이며 '나'와 '너'가 다르지 않다고 말하는 중도의 원리와 같은 것입니다.

> 마음 거울 밝고 밝아 온갖 것 비춰
> 모든 세계 빠짐없이 두루 드러내
> 삼라만상 그림자가 그 속에 있어
> 하나로 된 오롯한 빛 안팎이 없네.[1]

---

1. 心鏡明 鑑無碍 廓然瑩徹周沙界 萬象森羅影現中 一顆圓明非內外.
   원순 역해, 『신심명·증도가』(도서출판 법공양, 2013년), 59쪽.

34. '있다' 하는 그 자체가 없는 것이요

有卽是無　'있다' 하는 그 자체가 없는 것이요
유 즉 시 무

無卽是有　'없다' 하는 그 자체가 있는 것이니
무 즉 시 유

若不如此　우리 만약 이와 같지 아니하다면
약 불 여 차

不必須守　그 경계는 지킬 것이 전혀 아니리.
불 필 수 수

젊은 시절 선지식을 찾아다니다가 훌륭한 분을 많이 만났습니다. 그 가운데 인상 깊었던 일은 인도 북부 다람살라에서 전 세계 종교계의 정신적 지도자로 추앙받고 있는 달라이라마 존자의 법문을 들은 것입니다. 그리고 달라이라마 존자께서 전 송광사 방장 스님과 인간적 친분이 깊었던 인연으로, 송광사 스님들과 함께 공식적 비공식적으로 몇 차례 다람살라를 방문하여 몇 번 더 가까이 만나 뵙게 될 기회가 있었습니다.

그분은 불교를 쉽게 풀어 말씀하셨는데, 이야기하실 때마다 늘 일상생활 속에서 '공성空性'과 '연기법緣起法'을 함께 보아야 한다고 강조하셨습니다.

이 세상의 모든 법은 연기법입니다. 어떤 법도 홀로 서지를 못하고 서로 영향을 주고받으면서 온갖 인연이 모여 일어납니다. 인연이 모여 일어난 법은 그 인연이 흩어지면 없어지는 것인데, 이는 어떤 법도 실체가 없기 때문입니다.

법에 어떤 실체가 있다면 그 법은 그 자체로서 변하지 않고 존재해야 하며, 변하지 않는 것이므로 영원히 그 모습이 지속이 되어야 할 것입니다. 하지만 세상에 그런 법은 하나도 존재하지 않습니다. 이 세상에 존재하는 어떤 법도 실체가 없다는 것은, 다른 말로 그 실체가 '텅 비어 있는 성품'이라는 뜻입니다. 텅 빈 성품 공성空性이므로 어떤 법이라도 인연이 주어지면, 인연이 주어진 모습대로 헤아릴 수 없이 많은 모습들이 공성 위에서 끝없이 펼쳐질 수 있습니다.

'공성'은 텅 비어 있는 성품이므로 언제나 비어 있는 듯하나 인연이 주어지면 온갖 모습이 있는 것과 같고[無卽是有], 인연이 주어지는 모습대로 공성 위에서 끝없이 펼쳐지는 '연기법'은 현재 눈앞에 펼쳐져 있어도 그 실체는 없는 것과 같습니다 [有卽是無].

'연기법'으로 펼쳐지는 이 세상의 모든 법은 그 실체가 존재하지 않는 '공성'이므로 집착할 것이 없습니다. 늘 시간과 공간상에서 변하는 법이므로, 그 법 하나하나에 집착하고 좋아함으로써 일어나는 온갖 번잡하고 괴로운 일을 자초할 필요가 없습니다. 현재 '있다[有]' 하는 법 그 자체가 인연이 흩어지면 '없는 것[卽是無]'이요, '공성'으로서 '없다[無]' 하는 그 자체가 인연이 주어지면 주어지는 모습대로 '있는 것[卽是有]'이기 때문입니다. 그러므로 달라이라마 존자는 "일상생활 속에서 부처님 제자들은 언제나 '공성'과 '연기법'으로 이 세상을 함께 보아야 한다"라고 말씀하시는 것입니다.

또 한 분은 송광사 초대 방장이셨던 구산 스님입니다. 스님께서는 금강경에 나오는 게송 '약견제상비상若見諸相非相 즉견여래則見如來'를 "모든 상相과 비상非相을 함께 보면 여래를 본다"라고 풀이하셨습니다. 그런데 당시 금강경을 교학敎學의 입장에서 공부하시는 분들 대다수가 이 번역을 오역이라고 받아들이지 않았습니다. 기존 책이 대부분 "모든 상相이 상相이 아닌 것을 보면 여래를 본다"라고 번역하였기 때문이지요.

젊은 시절 저도 이 사구게 번역에 대하여 들었지만 그때는 제

관심사가 아니었으므로 깊이 생각하지는 않았습니다. 훗날 세월이 흘러 여러 경전을 번역하던 중 금강경에도 인연을 맺게 되었습니다.

그 과정에서 '약견제상비상若見諸相非相 즉견여래則見如來' 이 대목에 이르러 구산 스님의 말씀이 생각났고, "모든 상相과 비상非相을 함께 보면 여래를 본다"라고 풀이하셨던 구산 스님 말씀대로 경문을 들여다보다 눈이 번쩍 뜨였습니다.

원래 '모든 상相이 상相이 아니다'라는 것은 '상相이 아니라는 공성空性'을 강조하여 집착을 끊어주려고 하는 말입니다.

그런데 구산 스님의 '상相과 비상非相을 모두 함께 아울러 본다'는 것은 무슨 뜻이겠습니까? 상相을 보아도 상相이 아닌 줄 아는 '공성'을 함께 보고 있으므로 상相, 어떤 모습에도 집착하지 않는다는 것입니다. 또한 상相이 아닌 공성인줄 알면서도 인연 따라 일어난 연기법 그 모습을 함께 보고 있는 그대로 인정하고 있다는 것입니다. 그러므로 구산 스님의 관점은 '절대부정'과 '절대긍정'이 공존하는 '쌍차쌍조雙遮雙照'의 중도 원리에 맞아떨어지는 것입니다.

다시 말하면 온갖 모습으로 드러나는 것은 인연 따라 일어나는 '연기법'이며, 온갖 모습으로 드러나는 연기법은 알고 보면 실체가 없는 것이므로 '공성'과 같습니다. 그러므로 모든 상相과 비상非相을 함께 아울러 본다는 것은, 연기법과 공성을 함께 본다는 소리와 똑같은 것입니다.

그러고 보니 연기법과 공성을 함께 보아야 한다는 달라이라마 존자의 말씀은 구산 스님의 뜻에도 척 맞아 떨어지는 말이지요.

만약 연기법과 공성이 함께 있는 자리를 보지 못한다면[若不如此] 그 경계는 부처님이 계시지 않는 자리이니 부처님을 찾아 볼 수가 없습니다. 그러므로 우리가 조금도 지키고 앉아 있을 곳이 못됩니다[不必須守].

그러므로 금강경에서는 말합니다.
"존재하는 '온갖 모습'은 다 허망한 것이니,
온갖 모습에서 '허망한 모습이 아닌 참모습'을 보면
곧 여래를 보느니라."[1]

---

1. 凡所有相 皆是虛妄 若見諸相非相 則見如來.
   원순 역해, 『우리말 금강반야바라밀경』(도서출판 법공양, 2008년), 35쪽.

35. 하나라는 그 자체가 일체 모든 것

一卽一切
일 즉 일 체
하나라는 그 자체가 일체 모든 것

一切卽一
일 체 즉 일
모든 것들 그 자체가 하나일 따름

但能如是
단 능 여 시
모름지기 이와 같이 할 수 있다면

何慮不畢
하 려 불 필
어찌하여 못 깨칠까 걱정을 하랴.

여기서는 극소極小와 극대極大, 무無와 유有로 드러나는 공성과 연기법을 '일一'과 '일체一切'의 관계로 다시 한 번 강조하고 있습니다. 공성인 부처님 마음자리는 오직 한 가지 법으로 드러나는 '일一'이요, 연기법으로 일어나는 이 세상의 모든 법은 '일체一切'라는 것입니다.

부처님 마음자리를 '법法'이라고 이야기할 때, 오직 이 한 가지 법을 '일一'이라고 표현하고, 이 법은 공성이므로 특별한 실체가 없으니 자신의 성품을 고집하지 않고 인연을 따라 일체 모든 법을 드러낼 수가 있는 것입니다[一卽一切].

그러나 이 세상에 모든 법을 갖추어서 드러내도 그 근본은 공성이니, 모든 법도 오직 공성인 하나의 법일 뿐입니다[一切卽一]. 이는 세상에 드러난 어떤 법도 결정되어 있는 성품이 없으므로, 그 모든 법이 한 가지 법인 공성으로 모아지기 때문입니다. 그러므로 하나의 법 가운데 모든 법이 들어 있으니, '하나라는 그 자체가 일체 모든 것[一卽一切]'이고, 모든 법은 실체가 없어 오직 공성이라는 하나의 법만 있을 뿐이니, '모든 것 그 자체가 하나일 따름[一切卽一]'입니다.

이 단락과 일맥상통하는 법성게 게송 '일즉일체다즉일一卽一切多卽一'을 매월당 김시습 설잠雪岑 스님은 다음과 같이 풀이하고 있습니다.

"한 법이 있으므로 모든 법이 있고
모든 법이 있으므로 한 법이 있다.
중생이 있으므로 모든 부처님이 있고
모든 부처님이 있으므로 중생이 있다.

텅 빈 허공에 걸림이 없어
중생과 부처님이 다를 것이 없고
인연으로 생겨나는 것에 집착하여 머무를 것이 없으므로

원인과 과보가 동시이다.

헤아릴 수 없이 수승한 과보를 가져오는 오롯한 마음자리가
그 과보 속에서 찰나를 벗어나지 않고
한량없는 과보로 드러나는 지혜의 바다가
한 생각 부처님의 마음자리를 벗어나지 않으니

허공이 움직이는 소식을 알고자 하느냐?"

모름지기 이 도리를 알고 이와 같이 할 수만 있다면[但能如是],
어찌하여 깨치지 못할까 걱정할 일이 있겠습니까[何慮不畢].

　　대 그림자 움직이며 섬돌을 쓰나
　　섬돌 위에 티끌 한 점 일지를 않고
　　보름달이 못에 첨벙 두둥실 뜨나
　　맑디맑은 수면 위에 물결이 없네.[1]

---

1. 竹影掃階 塵不動 月穿潭底 水無痕.
　원순 역해, 『야부 스님 금강경』(도서출판 법공양, 2011년), 407쪽.

36. 믿는 마음 그 자체가 깨달음이요

信心不二 믿는 마음 그 자체가 깨달음이요
신 심 불 이

不二信心 깨달음은 다름 아닌 참다운 믿음
불 이 신 심

言語道斷 이 자리는 언어로써 표현 못하니
언 어 도 단

非去來今 시방삼세 그 자체를 뛰어넘는 것.
비 거 래 금

신심명 게송 하나하나가 한밤중 허공의 별처럼 빛나지 않는
게 없습니다. 마지막 게송에서 이 가르침에 대한 믿음을 다시
한 번 강조하니, 믿음 그 자리에 시공을 초월한 부처님의 세상
이 있다는 것을 명심해야 할 것입니다.

화엄경에서 "믿음은 도의 근원이며 공덕의 어머니이다. 믿음
은 더할 나위없는 부처님의 깨달음이다. 믿음으로 번뇌의 뿌
리를 영원히 끊어 해탈의 문을 빠르게 증득할 수 있다[信是道
元功德母 信是無上佛菩提 信能永斷煩惱本 信能速證解脫門]"라
고 하였습니다.

이는 승찬 스님께서 말씀하신 "믿는 마음 그 자체가 깨달음이요, 깨달음은 다름 아닌 참다운 믿음"이라는 말과 똑같습니다. 믿는 마음에 조금도 의심이 없다면 그 믿음 자체가 깨달음이기 때문입니다.

그러므로 승찬 스님은 신심명의 가르침에 대한 믿음을 가지라고 합니다. 절대적인 믿음만 있다면, 조금도 의심이 없으므로 바로 그 자리에서 '옳다' '그르다' 하는 중생의 망념이 있을 수 없습니다. 중생의 망념이 없다면 온갖 번뇌가 사라진 것이니, 이것이 바로 부처님의 '깨달음'입니다. '믿음 자체가 깨달음'인데, 믿음만 가지고 있다면 어찌 도를 닦아 이루지 못할 일이 있겠습니까.

'깨달음'이라 풀이한 '불이不二'는 표현만 다를 뿐, 선과 악, 옳고 그름, '너'와 '나' 어느 한쪽에도 집착하지 않는 부처님의 마음자리를 뜻하니, 깨달음과 같은 말입니다. 온갖 경계를 마주하되 그 경계를 분별하여 집착하는 마음이 없으므로, '불이不二'는 온갖 경계와 차별을 뛰어넘는 절대 평등의 진리 그 자체로 팔만사천법문을 드러내는 부처님 마음자리인 것입니다.

하지만 모든 시비분별이 사라진 불이不二의 부처님 마음자리는, 중생의 망념으로는 절대로 알 수가 없으니, 중생의 언어로 표현할 길이 끊어진 것이요[言語道斷], 마음 갈 곳이 없어집니다[心行處滅]. 따라서 중생의 망념으로 헤아리는 시간과 공간을 뛰어넘습니다.

'비거래금非去來今'은 과거 현재 미래가 아니라는 것이니 모든 시간을 부정하는 것입니다. 시간이 부정되면 당연히 시간과 함께 있는 공간도 부정됩니다. 그러므로 불이의 깨달음은 시간과 공간, 곧 시방삼세를 뛰어넘는 것입니다.

시방삼세를 뛰어넘어 부처님의 세상으로 가는 것은 어렵지 않습니다. 신심명 게송 전체에서 늘 강조하듯 중생의 뿌리 깊은 집착만 끊으면 됩니다. 이 모든 삶의 고통은 분별하는 데서 비롯되었고, 그토록 집착했던 온갖 것이 허깨비인 줄 안다면, 여러분의 삶은 분명 달라질 것입니다.

"믿는 마음 그 자체가 깨달음이다"라고 하는 승찬 스님의 당부를 마음에 새겨, 이 법과의 좋은 인연으로 불자님들의 성불을 기원하며 신심명 강설을 마무리합니다.

♡ 원순 스님이 풀어쓴 책들

규봉스님 금강경 '세친 보살의 27가지 의심'을 끊는 방식으로 금강경을 논리적으로

풀어가고 있는, 기존의 시각과 다른 새로운 금강경 해설서

부대사 금강경 부대사가 경에 담긴 뜻을 게송으로 풀어낸 책

야부스님 금강경 경의 골수를 간결하게 선시로 풀어, 문학적 가치가 높은 책

육조스님 금강경 금강경의 이치를 대중적으로 쉽게 풀어쓴 금강경 기본 해설서

종경스님 금강경 게송으로 금강경의 골수를 드러내고, 후학들이 사고의 지평을

넓힐 수 있는 질문을 던지는 종경스님의 명쾌한 해설서

함허스님 금강경 다섯 분의 금강경 풀이를 연결하여 꿰뚫어 보게 하면서 금강경의

전개를 파악하고 근본 가르침을 또렷이 알 수 있게 설명한 책

돈황법보단경 강설 육조스님 가르침을 간결하고 명료하게 담고 있는 책. 저자의

강설이 실려 있어 깊은 뜻을 쉽게 이해할 수 있는 책

연꽃법화경 모든 중생이 부처님이라는 뜻과 고전문학의 가치를 지닌 경전

육조단경 덕이본 육조스님 일대기와 가르침을 극적으로 풀어낸 선종 으뜸 경전

지장경 지장보살의 전생 이야기와 그분의 원력이 담긴 경전

한글 원각경 함허득통 스님이 주해한 원각경을 알기 쉽게 풀어쓴 글

돈오입도요문론 단숨에 깨달아 도에 들어가는 가르침을 잘 정리한 책

마음을 바로 봅시다 上下『종경록』고갱이를 추린『명추회요』국내 최초 번역서

몽산법어 간화선의 교과서로 불리는 간화선 지침서

선가귀감 서산 대사가 경전과 어록에서 선의 요점만 추려 엮은 '선 수행의 길잡이'

선禪 수행의 길잡이 선과 교를 하나로 쉽게 이해하는 『선가귀감』을 강설한 책

禪 스승의 편지 선방 수좌들의 필독서, 대혜 스님의 『서장書狀』바로 그 책

선요 선의 참뜻을 일반 불자들도 알 수 있도록 풀이한 재미있는 글

선원제전집도서 선과 교의 전체 내용을 체계적으로 정리한 참 좋은 책

신심명·증도가 마음을 일깨워 주는 영원한 선 문학의 정수

진심직설 행복한 마음을 명료하게 설명해 주는 참마음 수행 지침서

초발심자경문 이 세상 모든 사람을 위한 마음 닦는 글

치문 1·2·3권 생활 속에서 가까이 해야 할 선사들의 주옥같은 가르침

큰 믿음을 일으키는 글 불교 논서의 백미로 꼽히는 『대승기신론 소·별기』번역서

선문정로 퇴옹성철 큰스님께서 전하는 '선의 종착지는 어디인가?'

무문관 선의 종지로 들어갈 문이 따로 없으니 오직 화두 참구할 뿐.

절요 '선禪의 종착지로 가는 길'을 알려주는 보조지눌 스님의 저서

연경별찬 설잠 김시습이 '연꽃법화경'을 찬탄하여 쓴 글

능엄경 1, 2 중생계는 중생의 망상으로부터 생겨났음을 일깨우며, 온갖 번뇌를

벗어나 부처님 마음자리로 들어갈 수 있는 가르침과 능엄신주를 설한 경전

독송용 경전 _ 우리말 금강반야바라밀경

　　　　　　우리말 관세음보살보문품

　　　　　　약사유리광 칠불본원공덕경